LE PORT DE MARSEILLE

LES GRANDS PORTS FRANÇAIS

Collection publiée
sous la direction de M. A. DUPOUY
Professeur au Lycée Michelet

Ouvrages parus :

Nos Trois Ports du Nord, par H. Malo..........	**11**	**francs**
Le Port du Havre, par G. Weulersse.............	**13**	—
Le Port de Rouen, par A. Dupouy................	**11**	—
Le Port de Paris, par E. Colin................	**14**	—
Les Ports de la Basse-Loire (Nantes et St-Nazaire), par E. Colin..............................	**14**	—
La Rochelle et Bayonne (Rochefort, Tonnay-Charente, Saint-Jean-de-Luz), par C. Vergniol.......	**9**	—
Bordeaux et la Gironde, par H. Lorin.............	**12**	—
Le Port de Strasbourg, par G. Arnaud...........	**12**	—
Brest et Lorient, par A. Dupouy................	**12**	—
Cette, Port-Vendres et Nice, par Germain Martin et Mario Comby..............................	**12**	—

Paraîtra prochainement :

Dieppe, Caen et Cherbourg, par Ph. Gidel.

LES GRANDS PORTS FRANÇAIS

LE PORT DE MARSEILLE

PAR

Jacques LÉOTARD
Secrétaire général de la Société de Géographie
Rédacteur au « Sémaphore de Marseille »

AVEC UNE PRÉFACE DE

M. Adrien ARTAUD
Député de Marseille
Président honoraire de la Chambre de Commerce
Commissaire général de l'Exposition coloniale

PARIS
DUNOD, Editeur
Successeur de H. DUNOD et E. PINAT
47 ET 49, QUAI DES GRANDS-AUGUSTINS (6e)
1922

PRÉFACE

UN ORGANE NATIONAL

Le port de Marseille méritait la magnifique et précise description que vient de rédiger M. Jacques Léotard. Mais, si développée que soit une ville, si apte à remplir ses destinées que soit un centre mondial, il faut, pour répondre à l'appel que lui adressent les événements, qu'il ne perde pas de vue le sens dans lequel il doit se développer. De même, si parfait que soit un instrument de musique, il ne peut enlever les âmes que si un souffle inspiré l'anime. Marseille est un carrefour, un forum commercial, c'est le point d'aboutissement de l'effort migrateur ionien et c'est le point de départ de l'intense mouvement colonisateur gaulois. Voilà ce que nous ne devons pas perdre de vue dans notre existence marseillaise de chaque jour et aussi lorsque, sous le coup des événements, nous nous agrandissons tout d'un coup.

Il faut que les peuples rapprochés les uns des autres à Marseille continuent à avoir intérêt à fréquenter ce rendez-vous des races, et cet intérêt permanent ne peut être assuré que par l'intensité des échanges.

Avant la grande guerre, la pléthore de production de chacun des grands peuples les amenait à se terrer en deçà de leurs frontières et à moins se mêler à la vie mondiale, qui persistait cependant à demander à la France ses grands ingénieurs, ses artistes, ses savants, ses créateurs de nouveautés. Il semble qu'aujourd'hui, cette tendance à fermer les frontières se soit encore accentuée ; elle est cependant tout à fait inopportune et doit céder le pas à un grand courant d'échanges.

La guerre a démontré combien les intérêts débordaient aujourd'hui du cadre des nations isolées. Les arrangements qui la suivent ne peuvent se préparer que dans des conférences se déplaçant toujours et embrassant constamment de nouveaux et plus vastes horizons. On traverse l'Atlantique pour concilier les intérêts qui s'agitent dans le Pacifique et autour du Pacifique. Et tout cela, pourquoi ? Pour se munir de matières premières, pour profiter des débouchés.

Comment peut-on, dans ces conditions, penser que chacune de nos petites entités européennes se réduise à sa production et à sa consommation, comme une chartreuse perdue dans une petite vallée ?

Ah ! nous reviendrons vite, de gré ou de force, à la course des produits à travers le monde, course qui remplacera les grandes invasions d'antan et les croisades ; et l'œuvre de la Chambre de Commerce de Marseille, dans ces vingt dernières années, œuvre qui a été le couronnement de l'action séculaire de cette Compagnie, répond à des besoins urgents.

La Méditerranée met en communication trois parties

du Monde, dont deux, l'Asie et l'Afrique, ont tout à recevoir et à livrer, et Marseille, reine de la Méditerranée, doit répondre à un immense trafic.

La France seule a des possessions bien à elle, dépendant d'elle dans le monde entier, variées de populations, de voisinages, de production et de consommation. La mise en valeur de cet immense domaine peut absorber tous nos efforts d'un siècle et la répartition de la production coloniale, la transformation des matières premières qui la composent essentiellement suffiraient pour donner l'aliment le plus substantiel à toute l'activité marseillaise.

Marseille, métropole coloniale, pourrait, à ce seul titre, jouer dans la Méditerranée le rôle que ses relations internationales lui assurent surabondamment.

Le port de Marseille, qui a aujourd'hui son complément naturel par les Etangs de Berre et de Caronte, qui va communiquer avec le Rhône par un canal de 80 kilomètres, canal qui peut devenir une rue d'usines, jouit de toutes les possibilités commerciales et industrielles.

En attendant le souffle divin, c'est une Galathée, une Galathée assez éveillée pour vaquer aux soins du ménage, mais Galathée susceptible de devenir déesse. Que la liberté sous tous ses aspects : liberté politique, liberté du commerce, liberté de l'industrie, génératrice d'initiatives hardies et fécondes, liberté douanière obtenue par des institutions d'entrepôt et de franchise se juxtaposant, sans les contrarier, à tous les régimes économiques, liberté des mers ; que la liberté sous tous ses aspects domine, que le règne de la liberté advienne et Marseille doublera en superficie, en population et atteindra en importance de trafic, en tonnage, en relations lointaines, des chiffres qu'aucun port n'a jamais connus.

L'évocation du passé de Marseille, le tableau de son présent, l'aperçu de son avenir devaient tenter l'homme d'études précises et de réalisations qu'est M. Jacques Léotard, à qui Marseille doit beaucoup pour la collaboration dévouée et avertie qu'il donne sans se lasser, depuis un quart de siècle, à toutes les grandes œuvres scientifiques et économiques de Marseille. J'en sais quelque chose, moi qui lui ai dit un jour, à titre de simple constatation : « Avec votre collaboration, mon cher ami, tout est possible et les fardeaux deviennent légers. »

La synthèse claire et précise qui se dégage du « *Port de Marseille* » rendra de grands services et j'en félicite cordialement l'auteur, à qui Marseille devra rester reconnaissante du service rendu.

Adrien ARTAUD
Député des Bouches-du Rhône.

NOTE DE L'AUTEUR

L'auteur n'a pas cru devoir publier ici une Bibliographie du Port de Marseille, qui aurait pris de grandes proportions et serait sortie du cadre tracé, mais il tient à signaler quelques sources essentielles où peuvent être puisés des renseignements de détail concernant la vie maritime et commerciale de Marseille à l'époque moderne.

Ces documents de base sont les ouvrages de M. A. Guérard et de M. Batard-Razelière, sur le Port de Marseille, successivement rédigés en leur qualité d'Ingénieur en Chef des Ponts et Chaussées du Service Maritime ; les nombreuses publications et rapports de la Chambre de Commerce, spécialement le Compte-rendu annuel de la situation commerciale et industrielle de Marseille, dont le dernier paru est celui de 1918 ; le fascicule annuel de la Statistique du Port, édité par le Commandant du Port jusqu'en 1917 ; le Tableau général du commerce et de la navigation de la France, publié par la Direction générale des Douanes, le dernier pour 1918 ; le livre de M. E. Camau sur Marseille au début du XXe siècle ; enfin les ouvrages d'histoire économique de M. Paul Masson, professeur à la Faculté des Lettres, et principalement la grande Encyclopédie des Bouches-du-Rhône, dont il dirige la publication en cours.

L'auteur s'excuse de présenter beaucoup de chiffres, mais il a voulu user de leur éloquence, qui vaut souvent de longues explications, pour fournir un document précis, en appuyant ses informations sur des bases solides, aussi contrôlées que possible. Quoique l'exactitude absolue ne soit guère réalisable en matière de statistiques, il espère qu'une telle étude détaillée du plus grand port français en donnera une notion vraiment instructive et permettra d'utiles comparaisons.

CHAPITRE PREMIER

LA POSITION GÉOGRAPHIQUE DE MARSEILLE

Il est peu de positions géographiques dans le Monde qui soient aussi favorables que celle de Marseille dans l'Europe sud-occidentale, au développement d'un grand port et de ses relations avec les divers continents.

L'excellence de cette position est telle que Marseille a heureusement survécu, en se développant, aux autres cités maritimes célèbres, ses rivales dans l'Antiquité, aujourd'hui déchues sur les bords de cette Méditerranée, la « mer du milieu », qui fut le berceau des vieilles civilisations. Les marins Phocéens d'Ionie qui jetèrent les fondements de Massalia venaient de loin et avaient visité bien d'autres beaux rivages, avant d'atteindre l'admirable port naturel du Lacydon ; s'ils l'élirent pour s'y fixer, c'est qu'il était exceptionnellement bien placé sur la route que suivait alors le progrès dans sa marche de l'Est à l'Ouest.

Porte méridionale de la Gaule, puis de la France, Marseille est située à l'entrée du long couloir de pénétration du Rhône, principale voie historique de notre pays, prolongée au Nord par la Saône et qui met la Méditerranée en communication avec les bassins de la Loire, de la Seine et du Rhin.

En outre, Marseille se trouve favorablement placée au point de contact des deux courbes en sens opposés que dessine le littoral français de la Méditerranée : la concavité sablonneuse du golfe du Lion et la convexité rocheuse de la Côte d'Azur. Elle est restée le seul grand port de ce littoral d'une position si avantageuse.

Mais Marseille n'est pas uniquement un port de la France. Entre la masse de l'Europe et la péninsule espagnole, soit entre les Alpes et les Pyrénées, notre pays forme, à l'extrémité nord-ouest de la Méditerranée, un isthme que voyageurs et marchandises pressés empruntent naturellement, de cette mer du Sud à la mer du Nord, conduisant aux Iles Britanniques et aux Pays-Bas et, par la Manche, à l'Atlantique. Marseille est le port méridional de cette grande voie. Sa sphère d'influence englobe également la Suisse.

A mi-distance de l'Italie et de l'Espagne, au centre Nord du bassin occidental de la Méditerranée, Marseille occupe donc une position privilégiée, à l'extrémité Sud de l'axe commercial de la France qui passe par Lyon et Paris, axe qui se prolonge d'une part en Angleterre sur Londres et d'autre part sur la vaste Afrique. En même temps, Marseille est la tête de ligne naturelle des relations françaises avec l'Orient et les Indes. D'ailleurs, quand le rôle réservé jadis à la Méditerranée s'est étendu aux mers océaniques, l'importance de Marseille, carrefour de routes mondiales, n'a encore cessé de grandir ; la France communique par elle avec la Chine et l'Australie et, plus rapprochée de Gibraltar que ses concurrentes d'Italie et d'Orient, Marseille a développé aussi ses relations avec le Nouveau-Monde.

Enfin, c'est le point de croisement de deux grandes diagonales terrestres, dont l'une suit la côte atlantique de l'Amérique du Sud, puis la côte occidentale d'Afrique et aboutit à la presqu'île scandinave, tandis que l'autre part d'Australie, passe au Sud de l'Inde, en Arabie et en Egypte et se termine au Canada. Ce port est d'ailleurs voisin du 45e parallèle, situé à mi-chemin du Pôle Nord à l'Equateur et au voisinage duquel s'étendent les principaux pays du Monde, les plus importantes voies de communication internationales et les meilleurs climats de notre planète. Ainsi, Marseille se trouve bien placée sur la grande ceinture de circumnavigation Suez-Panama.

Au point de vue local, la situation physique de Marseille offre maintes particularités intéressantes. La nature avait préparé la fondation d'une importante cité maritime dans le beau golfe, ouvert à l'Ouest et large de 18 kilomètres, encadré de collines aux formes harmonieuses et orné d'îles pittoresques, où naquit l'antique Massalia, dans un paysage qui rappelle curieusement celui de Phocée.

Sur la côte rocheuse de la Basse-Provence, à 40 kilomètres de l'embouchure du Rhône et à l'écart des alluvions de son delta marécageux, la plaine ondulée qui termine la petite vallée de l'Huveaune constitue une région hospitalière bien délimitée, ayant son unité propre et formant le bassin de Marseille, lequel appartient géologiquement à l'âge tertiaire. Tout en occupant le site le plus favorable au voisinage des embouchures du Rhône, cette ville a échappé, grâce à la distance qui l'en sépare, au déclin des antiques ports fluviaux d'Arles et d'Aigues-Mortes, et elle bénéficie néanmoins de la proximité de la vallée du grand fleuve.

Une ceinture de collines désertes, jadis boisées, forme un pittoresque amphithéâtre montagneux qui circonscrit la région marseillaise, excepté vers l'Est : de ce côté, s'enfonce la vallée assez étroite de l'Huveaune, dans la direction principalement adoptée par les faubourgs de la ville.

En arrivant du Nord, lorsqu'apparaît, sous un clair soleil, la magnifique cité étendue le long de son vaste port et dominée par la hauteur de Notre-Dame de la Garde, dans le cadre blanc de ses collines calcaires émergeant de la verdure, entre le bleu vif de la mer et du ciel, qu'estompe légèrement la fumée des usines, le voyageur ébloui s'aperçoit qu'il est à l'entrée de la merveilleuse Côte d'Azur. La position de Marseille a même cet avantage sur maintes villes de notre Côte d'Azur et de la Riviera italienne que la montagne n'est ni assez rapprochée de la mer pour gêner le développement de la cité, ni assez haute pour séparer le littoral de son arrière-pays.

C'est au petit fleuve l'Huveaune, qui descend de la Sainte-Baume et mesure seulement 46 kilomètres de longueur, que Marseille doit son bassin côtier et même son emplacement. Plus développée à l'époque quaternaire que de nos jours, l'Huveaune aboutissait alors dans le Lacydon, l'excellent estuaire qui devait devenir le berceau de Marseille ; la rivière se détourna ensuite du Nord au Sud de la colline isolée de Notre-Dame de la Garde, pour aboutir à la plage du Prado. En ce temps lointain, l'homme préhistorique ayant déjà fait son apparition, cette colline et la pointe d'Endoume n'étaient pas encore séparées des îles de la rade de Marseille par l'érosion marine.

Le bassin géographique de Marseille est nettement orienté vers la mer et forme une région plutôt isolée du côté de la terre. C'est ainsi que la ligne principale du P.-L.-M. entre et sort de ce territoire par deux grands tunnels. Il y a cependant plusieurs routes qui rattachent la ville à l'hinterland et, la vallée de la Durance atteinte, on trouve facilement accès dans les Alpes. Avec une situation aussi particulière, Marseille, vieille escale maritime, possède naturellement une forte individualité locale et n'a pu être un centre de domination politique vers l'intérieur.

Par suite de cet isolement terrestre, la commune urbaine de Marseille se trouve être, après celle d'Arles, la plus étendue de France, ayant une superficie de 23.000 hectares, soit près de la moitié de celle du département de la Seine. La configuration naturelle amène la ville moderne à s'étendre le plus vers l'Est, mais ses faubourgs embrassent également les côtes du golfe, surtout vers le Nord. La première ville au voisinage de Marseille, Aubagne, dans une petite plaine fertile formée par l'Huveaune, en est distante de 17 kilomètres.

Dans ces conditions générales d'existence, à la fois originales et propices, Marseille a réussi à devenir, après des siècles de vie active et brillante, non seulement la capitale de la région provençale et du Sud-Est de la France, mais aussi la Reine de la Méditerranée et le premier port de notre pays, en même temps que la métropole de son empire colonial.

CHAPITRE II

UNE CITÉ DE VINGT-CINQ SIÈCLES

Reine actuelle de la Méditerranée, Marseille a l'orgueil de pouvoir dire que sa noblesse remonte au monde antique et aux plus lointaines origines de nos annales nationales. Aucune des grandes cités maritimes qui ont été un moment ses rivales ne peut se glorifier d'avoir vu passer tant d'histoire, ni d'avoir été si intimement mêlée aux révolutions des empires voisins.

Tour à tour grecque, romaine, domaine des Francs, république libre, fief impérial ou féodal, ville française, de ce passé mémorable est sortie sa magnifique vie contemporaine.

Dès une haute antiquité, alors que la future France était encore plongée dans l'obscurité des âges celtiques, des Phocéens d'Ionie, chassés d'Asie Mineure par les Perses, jetaient les fondements de la colonie grecque de Massalia sur une côte peuplée de Ligures et déjà visitée plus anciennement par les Phéniciens. La légende qui place en 599 avant J.-C. le mariage de la belle gauloise Gyptis avec le hardi navigateur Protis, est un symbole de l'alliance entre le génie celte et le génie hellène qui s'opéra à Massalia. Par elle, la Gaule, déjà en voie de développement, allait recevoir la merveilleuse civilisation grecque. En effet, Marseille devint une cité indépendante prospère par son commerce maritime, mais elle resta en relations étroites avec sa métropole Phocée, dont elle avait adopté les dieux, les lois et les mœurs. Aristote vante son sage gouvernement et la cite comme le « modèle des Républiques ».

La puissante colonie phocéenne ne trouva de rivale que dans Carthage. Aussi donna-t-elle à Rome le concours de ses vaisseaux, de ses hommes et de son trésor pour l'anéantissement de la cité phénicienne, en 146 avant J.-C. A son tour, Rome paya sa dette en écrasant dans la plaine de Pourrières les premiers envahisseurs barbares, les Teutons. Toutefois, Marius ne put les vaincre que grâce aux navires massaliotes, qui assurèrent le ravitaillement de son armée dans le camp retranché d'Arles. Ainsi, dès 102 avant J.-C., la maîtrise de la mer permit cette victoire d'Aix sur les hordes germaniques.

Alliée fidèle de Rome et vivant de sa vie, Marseille se trouva mêlée aux guerres de la République et, dans la rivalité de César et de Pompée, prit le parti de ce dernier, dont elle abrita l'escadre dans ses eaux. Vaincue sur terre par César et Trébonius, qui la réduisirent à capituler après un siège mémorable en 49 avant J.-C., battue sur mer par Brutus, qui coula sa flotte à Taurœntum, elle fut traitée avec rigueur et perdit sa puissance politique et commerciale. Cependant, la cité vaincue dompta à son tour son farouche vainqueur. Se souvenant qu'elle était grecque, elle demanda aux lettres et aux arts des compensations pour sa suprématie perdue. Bientôt, ses écoles et son Académie attirèrent les jeunes Romains, que retenaient aussi la douceur de son ciel et la facilité de ses mœurs. Pendant près de trois siècles, Massalia a été l'Athènes de l'Occident : c'est un titre de gloire que son Université ne saurait oublier. Elle était la porte de l'admirable *Provincia,* la province par excellence des Césars.

Si Marseille n'a pas gardé, comme d'autres villes de Provence, des vestiges archéologiques de ce prestigieux passé, elle peut appeler en témoignage les écrivains latins, qui célébrèrent à l'envi sa grandeur et sa beauté, et la trace profonde que l'influence romaine a laissée dans l'architecture romane, la langue provençale et les institutions municipales marseillaises au Moyen-Age.

Comme toute la Gaule, Marseille faillit succomber sous les coups des barbares : Wisigoths, Burgondes, Ostrogoths l'envahissent et la subjuguent tour à tour. Après eux, les Francs mérovingiens et carolingiens y fondent des dominations éphémères et détestées. Pour échapper à la suprématie de ces impitoyables guerriers venus du Nord, elle appela même les Sarrazins établis en Languedoc, et n'y gagna que d'être successivement ravagée par Charles Martel, à son retour de la victoire de Poitiers en 739, puis par ces Arabes avec lesquels elle avait imprudemment pactisé.

Dans la dislocation de l'Empire carolingien, Marseille appartint successivement à Lothaire, au Royaume de Bourgogne tourné vers l'Allemagne et l'Italie, au Royaume indépendant de Provence, enfin au Comté d'Arles et de Provence, vassal du Saint-Empire, et un vicomte la gouverna. Le trait dominant de cette confuse histoire de Marseille du IXe au XIIe siècle, où le seul point lumineux fut la Croisade, est l'affirmation d'un particularisme persistant, qu'elle conserve sous toutes les dominations. Alors que tant d'autres cités se laissent absorber par un Etat plus puissant, elle garde une existence politique indépendante et toute suzeraineté y est purement nominale. Ses magistrats concluent des traités avec les villes maritimes italiennes et la cité finit même par chasser ses vicomtes en 1214 et se proclamer Commune souveraine, battant monnaie.

La République marseillaise dura peu. Le frère de Saint-Louis, Charles d'Anjou, y mit fin en 1252 et ne lui accorda que les quelques garanties des Chapitres de la Paix. Toutefois, cette étonnante tentative de gouvernement démocratique, qui n'a pas eu d'autre exemple en France, a laissé à Marseille des traditions de liberté qui vont du Moyen-Age à la Révolution. Certainement les âmes des lointains aïeux planaient encore sur leurs descendants à la journée du 10 août 1792 à Paris, quand le bataillon des Volontaires marseillais, poussé par l'impérieux souvenir d'un passé que rien ne peut abolir, entonna l'hymne sacré de la libération...

Vassale des Angevins depuis Charles d'Anjou, Marseille subit le contre-coup de leurs luttes contre les Aragonais pour la possession du Royaume de Naples, luttes qui préludent aux guerres d'Italie. Mais toute cette histoire de sang ou de désordre, qui est d'ailleurs celle de la France entière au XIVe et au XVe siècle, se termine par le règne du bon Roi René, qui clôt dans une apothéose les fastes particuliers de Marseille. Louis XI, héritier des Angevins, rattacha la ville et la Provence à l'unité nationale en 1481, non sans appréhension de la part des Marseillais, inquiets pour leurs privilèges. Cependant, après avoir pris la sage précaution de s'en faire confirmer le maintien par le Roi, ils acceptèrent sans retour leur incorporation à la patrie française, à laquelle ils apportaient un magnifique port et une puissance commerciale qui lui manquait encore.

Marseille montra bientôt, sous François Ier, la pureté de son loyalisme : on connaît sa résistance admirable en 1524 contre les Impériaux de Charles-Quint, et la bravoure de ses femmes hardies, qui firent le coup de feu sur les remparts aux côtés de leurs maris, méritant ainsi que le Boulevard des Dames conserve aujourd'hui le souvenir de leur glorieux héroïsme.

Sans doute, la paix royale fut bien troublée de quelques orages pendant les guerres de religion, mais Henri IV pacifia la Provence comme la France entière. D'autre part, Marseille revendiqua toujours âprement son autonomie municipale contre les empiètements de la monarchie centralisatrice de Louis XIII et de Louis XIV. Elle trouvait dans ses magistrats, les consuls, d'intrépides défenseurs de ses libertés locales, tel ce Gaspard de Glandevès-Niozelles, qui refusa de ployer le genou devant Louis XIV et osa lui résister. Le jeune roi punit la ville rebelle en la traitant comme place conquise. Il y entra en 1660 par une brèche ouverte dans la muraille et supprima l'antique institution des consuls. Comme toute ville royale, Marseille eut pour corps municipal des échevins sans droits politiques.

C'est pourtant pendant cette période de despotique centralisation du XVIIe et du XVIIIe siècle, où l'intendant nommé par le Roi est le vrai maître de la province, que Marseille vit s'opérer les agrandissements et les transformations qui firent de la cité du Moyen-Age, à l'enceinte trop étroite, une belle grande ville qui ouvrit ses poumons à l'air et respira plus largement. Malheureusement, la peste de 1720 la réduisit en un immense charnier de la moitié de ses habitants, malgré le dévouement admirable de l'évêque Belsunce, du chevalier Roze et des échevins.

Le passé et les traditions de Marseille la préparaient à être à l'avant-garde du soulèvement contre l'absolutisme. Elle entra dès le début dans le mouvement qui devait aboutir à la convocation des Etats-Généraux et à la Révolution française. Le rôle qu'elle y joua appartient à l'Histoire : elle a même eu l'un des plus beaux, celui de donner son nom à l'hymne immortel qui symbolise à la fois la France et la Liberté ! Dans sa propre enceinte, Marseille, comme la capitale, eut ses journées révolutionnaires glorieuses et ses émeutes sanglantes, ses enthousiasmes et ses folies. Dominée par l'amour de la liberté, elle est amenée à combattre les Jacobins, qui ont rétabli la centralisation supprimée par la Constituante, et à soutenir les Girondins, décentralisateurs et fédéralistes. Elle s'insurge donc contre la Convention, où règne le despotisme des Montagnards. Vaincue par l'armée conventionnelle en 1793, terrorisée par les représentants en mission chargés d'y rétablir la loi, un décret lui ôte son antique appellation : elle est la « Commune sans nom »... Fréron pousse la rage des représailles contre elle jusqu'à proposer de combler le Vieux-Port en y jetant la colline de Notre-Dame de la Garde !

La tourmente passée, l'ordre social rétabli après le 18 brumaire, Marseille devint, en 1800, le chef-lieu du département des Bouches-du-Rhône, honneur d'abord donné à Aix. La cité, tant de fois éprouvée, pouvait donc croire qu'une ère de prospérité s'ouvrait pour elle ; les guerres de l'Empire démentirent cette espérance, que seule la paix de 1815 commença à

Fig. 1. — La Cannebière vue du Vieux-Port.

réaliser, d'abord lentement, puis à partir de 1830, avec un élan de plus en plus rapide.

Marseille, qui avait vu sous le Consulat sa dernière ligne de remparts remplacée par des boulevards, vit sous le Second Empire se former sa physionomie de riche cité moderne. Dans le domaine politique, c'est elle qui envoya Gambetta au Corps législatif, puis qui donna à la Troisième République son premier Président, Adolphe Thiers.

D'ailleurs, au XIXe siècle, ce sont moins les événements politiques qui influèrent sur les destinées de Marseille que les transformations apportées dans le monde contemporain et dans l'ordre économique par les découvertes géographiques, les conquêtes coloniales, les traités de commerce et le progrès général des sciences.

On voit, par cette rapide esquisse, combien est justifiée la fière devise de Marseille : *Actibus immensis urbs fulget Massiliensis.*

D'après M. Gabriel Hanotaux, la Nation française, la plus vieille de l'Europe, n'a cessé pendant vingt-cinq générations de travailler « à verser la Méditerranée dans la Mer du Nord », c'est-à-dire à propager la civilisation gréco-latine en Europe. Le grand rôle de Marseille, porte de la France sur la Méditerranée, se trouve admirablement synthétisé dans cette heureuse formule.

***

Le développement de la cité marseillaise a naturellement suivi celui de son évolution historique et surtout de son expansion économique moderne.

A travers sa longue histoire, et jusqu'au début de l'époque contemporaine, le chiffre maximum de la population de Marseille est resté voisin de 100.000 habitants, ce qui, d'ailleurs, constituait jadis une forte agglomération. La ville antique atteignait presque cette importante population quand s'ouvrit l'ère chrétienne ; mais elle resta plutôt inférieure à ce total durant le Moyen-Age. Elle descendit même à 50.000 habitants vers 1500. En 1700, le nombre des habitants n'était encore évalué qu'à 75.000 et il tomba à 40.000 à la suite de la terrible peste de 1720. Il s'éleva à 115.000 en 1795, pour s'abaisser bien au-dessous de 100.000 pendant les guerres de l'Empire.

C'est au cours du XIXe siècle que la population de Marseille s'est accrue avec une rapidité extraordinaire. Elle commença par doubler pendant sa première moitié, en montant à 200.000 habitants en 1852. Aussi, durant le dernier siècle, l'étendue de la ville, qui n'avait guère connu auparavant d'agrandissement considérable que sous Louis XIV, a-t-elle plus que triplé, par suite d'un essor exceptionnel, qui ne s'est produit dans aucune autre cité de France, hors Paris. Les principaux monuments et les grandes artères de Marseille datent seulement du Second Empire, comme son port moderne, alors qu'assurée de sa prospérité future, la vieille cité a voulu se mettre au niveau des autres belles villes européennes.

En dehors des grands travaux urbains et maritimes, deux entreprises d'utilité publique, qui étaient la condition d'une véritable extension de la ville, ont été menées à bonne fin. Ce fut d'abord la construction du canal de la Durance, qui conduisit en 1849 les eaux de cette rivière à Marseille, bienfait immense pour l'alimentation et l'hygiène publiques, comme aussi pour la fertilisation du territoire.

Plus près de nous, Marseille a réalisé une autre œuvre capitale : son assainissement par le « tout à l'égoût », terminé en 1896, avec un grand collecteur aboutissant à la mer en dehors de son golfe, sur la côte Sud. Sans remonter au choléra de 1884, le taux de la mortalité est tombé de 32 décès par an pour 1.000 habitants en 1890 à 18 seulement en

1912, chiffre moyen de la France ; il s'est malheureusement relevé au cours de la guerre.

Avec la prospérité croissante de son port, Marseille est donc devenue, à partir de la seconde moitié du XIXe siècle, la belle et riche cité que méritait sa glorieuse évolution. En 1880, elle possédait 350.000 habitants, et, en 1903, sa population atteignait le demi-million, donnant à Marseille le rang de seconde ville de France, à la place de Lyon. Le recensement de 1911 a constaté 550.000 habitants, dont près de 100.000 de population éparse dans la vaste banlieue.

C'est naturellement à l'immigration des diverses régions françaises et des pays voisins, et non à l'excédent des naissances sur les décès, qu'est dû cet énorme accroissement. Cependant, l'élément étranger n'a joué un grand rôle qu'à l'époque contemporaine : au milieu du siècle dernier, il ne comptait encore que pour 20.000 âmes environ. En 1911, le nombre des étrangers recensés s'élevait à 110.000, dont 97.000 italiens, la plupart ouvriers d'usines. La moitié du total des habitants appartenait à la population active, c'est-à-dire exerçant une profession, et la catégorie la plus nombreuse était l'industrie.

L'inflation du budget municipal de Marseille fournit une preuve évidente du développement et des progrès de la cité ; alors qu'il était seulement de 3.000.000 de francs en 1832, il s'est élevé en prévisions à 50.000.000 pour 1914, chiffre qui s'est naturellement beaucoup accru au cours de la crise européenne. Il existe en outre un gros budget départemental, alimenté surtout par le chef-lieu.

Durant la guerre, malgré le départ des mobilisés, la population de Marseille a fortement augmenté et d'une façon anormale, notamment par l'afflux de nombreux réfugiés du Nord et de l'Orient. On peut estimer qu'elle s'est élevée à 700.000 habitants, sans compter les effectifs militaires de passage. Avec le retour de la paix, l'équilibre a tendu à se rétablir, et le recensement de 1921 vient de fournir le chiffre — d'ailleurs inférieur à la réalité — de 600.000 âmes, dont 116.000 étrangers. La population a par conséquent doublé en un demi-siècle.

L'agglomération marseillaise correspond ainsi à celle des deux autres principales grandes villes de la Méditerranée : Naples en Italie, et Barcelone en Espagne, mais l'importance des ports de ces deux autres cités latines est très inférieure à celle du port français. Dans notre pays, l'intense vitalité de Marseille en a fait la plus puissante des villes provinciales. Lamartine lui donna le nom d'Athènes commerciale, Taine l'appelait : « la plus florissante et la plus magnifique des cités latines », et M. Hanotaux a pu dire à notre époque : « Rien de grand ne s'est fait dans le monde sans que le nom de Marseille n'y soit mêlé. »

CHAPITRE III

LE PORT-VIEUX

Pendant près de vingt-cinq siècles, le bassin naturel du Lacydon ou Port-Vieux, simple crique au fond d'un large golfe, a seul abrité la fortune de la cité maritime de Marseille, et il a été ainsi la base d'un des plus grands ports modernes. Orienté de l'Est à l'Ouest et long d'un millier de mètres, avec une largeur égale au tiers, excellent refuge dans un site favorable au commerce extérieur, ce havre étroit et sûr était spacieux et profond pour le temps de la navigation à voiles. Il a vu l'antique Massalia s'élever en amphithéâtre sur les buttes de sa rive Nord, abritée du mistral, ayant en face, au Sud, la colline de Notre-Dame de la Garde. Les îles du golfe protégeaient ce port naturel et offraient de bons mouillages aux petits navires. Sur la presqu'île du Pharo, un feu de nuit guidait les marins.

« Marseille, a dit Montesquieu, retraite nécessaire au milieu d'une mer orageuse, ce lieu où les vents, les bancs de la mer, la disposition des côtes ordonnent de toucher, fut fréquenté par les gens de mer. »

Peu d'années après sa fondation, la ville avait déjà,

pour se protéger des surprises par mer comme des attaques par terre, une enceinte de murailles, même sur le port, auquel les maisons tournaient le dos.

Longtemps, le Port-Vieux ne fut qu'en partie utilisé, ayant au fond un estuaire marécageux formé par les anciennes alluvions de l'Huveaune ; aussi se prolongeait-il alors vers l'intérieur, surtout dans le nord-est. Les navires étaient tirés à terre sur le gravier des berges d'échouage, au pied des remparts. Sur la rive méridionale, existait une nécropole grecque et romaine.

En mémoire d'un tribun romain qui fut l'apôtre du christianisme à Marseille, Cassien fonda, au Ve siècle, sur la hauteur dominant la rive Sud du Lacydon, autour d'une grotte où se réunissaient les premiers chrétiens, le fameux monastère de Saint-Victor, dont le Pape Urbain V a été abbé. Ce fut une des premières et des plus riches abbayes du temps, et son école fut célèbre. Rebâtie à partir de l'an 1200, elle comprenait de vastes constructions, entourées de murailles, dont il ne reste plus que la vieille église féodale.

Au Moyen-Age, en dehors du port proprement dit, qui dépendait de la cité républicaine ou vicomtale (ville basse), la cité épiscopale (ville haute) avait un mouillage dans l'anse de la Joliette, jadis utilisé par les Romains, et l'abbaye de Saint-Victor usait du mouillage de l'anse des Catalans. La rive Sud du port dépendait d'ailleurs de l'Abbaye, qui en interdisait l'accès et y défendait même de pêcher sans permission spéciale ; il paraît que le Lacydon était alors très poissonneux. Un marais-salant occupait le coin sud-est du bassin. Par la suite, le marécage du fond du port, où aboutissaient les eaux des pluies et du fossé de la ville, fut desséché et converti en une chènevière, puis occupé par une corderie de chanvre, d'où est venu le nom de la célèbre Cannebière, principale artère moderne de la ville, partant du port sur cet emplacement.

Un vrai port est, comme le navire qui l'emploie, un organisme compliqué, dont l'aménagement s'impose à l'homme industrieux. A l'origine, le goulet du Lacydon était en partie obstrué au Sud par des rochers à fleur d'eau. Les premiers ouvrages du port furent deux tours qu'on éleva de chaque côté de la passe, sur les promontoires ensuite fortifiés de Saint-Jean et de Saint-Nicolas ; entre ces tours, on tendait une lourde chaîne de fer permettant de fermer l'entrée du port. Sur l'écueil principal du goulet, un gros pilier en maçonnerie fut construit vers 1350, ménageant deux passes : celle des navires et une petite pour les embarcations.

C'est seulement après la réunion de Marseille à la France que fut ordonné, par Louis XII en 1511, l'établissement d'un premier quai le long de la ville ; il était très étroit, n'ayant guère qu'un mètre de large. Louis XIII fit élargir le quai primitif en 1623 ; de petits appontements facilitaient le transport des marchandises entre les navires et la terre. Trente ans plus tard, on commença sur ce quai l'édification du nouvel Hôtel de Ville, servant aussi de Loge du commerce. Pour utiliser la rive Sud du port, la commune de Marseille y avait fait construire, dès 1566, un petit quai muni de môles.

La défense du port contre l'ennemi et les pirates avait une grande importance. A l'époque franque, une forteresse, dite Château-Babon, occupait la pointe de Saint-Jean. Entre autres nombreuses attaques, une flotte du roi d'Aragon réussit, en 1423, à assaillir le port, incendia l'antique tour Saint-Jean (nommée auparavant Tour Maubert), fit le pillage de la ville et emporta la chaîne du port à Valencia, où elle se trouve encore à la Cathédrale. La garde de la tour était alors confiée aux chevaliers de Saint-Jean de Jérusalem, plus tard chevaliers de Malte, qui avaient au voisinage leur maison et leur église. En 1448, le roi René fit élever la puissante tour Saint-Jean actuelle.

Au début du XVIe siècle, François Ier ordonna de fortifier l'île devenue le Château-d'If, pour défendre la rade, et fit aussi construire, sur la colline dominant la ville au sud-ouest, un fort entourant la chapelle et la vigie de Notre-Dame de la Garde.

C'est au XVIe siècle que furent démolis les remparts qui défendaient la cité du côté du port. Jusque-là, c'était par des souterrains ou grottes, servant aussi d'entrepôts aux marchandises et fermés par des portes grillées, que se faisaient les communications. Quant à la chaîne du port, elle ne cessa d'être employée qu'au milieu du siècle suivant.

Pour contenir l'humeur turbulente des Marseillais, Louis XIV décida, en 1660, la construction de la puissante citadelle de Saint-Nicolas et, ensuite, celle du fort Saint-Jean, ajouté à la vieille tour de l'entrée du port. Mais ce fut en même temps une période de grande extension pour Marseille, qui vit notamment édifier, en 1663, au quartier de Saint-Martin d'Arenc, sur la côte au Nord de la cité, un Lazaret sanitaire, qui était le plus beau de ceux de l'époque et qui remplaça les vieilles Infirmeries des Catalans. Par suite de l'insuffisance de la science médicale et de la mauvaise hygiène du peuple, cet établissement n'empêcha pas la terrible peste de 1720, apportée de Syrie par le « Grand-Saint-Antoine ». Le Lazaret occupait 23 hectares et était entouré de murailles ; divisé en plusieurs enclos, il avait des installations pour les passagers et les marchandises et possédait un port spécial. Il n'a été transféré au Frioul qu'au milieu du siècle dernier, lorsqu'on construisit le bassin de la Joliette.

Pour la flotte du port, et dès le temps de César, un Arsenal, pourvu d'un chantier de constructions navales, existait au fond du Lacydon, dans son prolongement au nord-est, et se trouvait enfermé dans l'enceinte de la ville, avec des loges pour les vaisseaux. Port à la fois commercial et militaire, Marseille eut ensuite l'Arsenal au plan Fourmiguier, situé sur l'emplacement du bas de la Cannebière, et sous Louis XII, peu après l'union de la Provence à la France, le premier Arsenal royal des galères s'étendit du côté de Rive-Neuve. Sous l'impulsion de Colbert, Louis XIV agrandit et embellit considérablement les arsenaux, englobés en 1666 dans la nouvelle grande enceinte qui entoura les quartiers Est et Sud de la ville, laquelle avait fini par encadrer tout le port. Les cales de construction de l'Arsenal s'alignaient à l'Est et au sud-est du bassin, où des quais et des chantiers furent alors établis à Rive-Neuve à la suite de l'Arsenal à l'Ouest. Mais Toulon devenait, depuis Richelieu, notre véritable port de guerre, et en 1781, après la suppression des galères, le Gouvernement royal y ayant transféré son matériel, vendit les terrains de l'Arsenal à la ville de Marseille. De nouveaux quartiers le remplacèrent, autour du Canal des Douanes construit à cette époque, et tout le port se trouva désormais consacré au commerce.

Au cours des siècles, il a fallu toujours procéder au curage du Port-Vieux pour en empêcher le comblement. Jadis, la ville y était aidée par l'évêque et l'abbé de Saint-Victor. En 1669, le Gouvernement royal décida qu'une somme de 25.000 livres serait affectée chaque année par la Chambre de commerce à le dévaser avec des pontons à cuillers. La mesure produisit un si bon effet que, vingt ans plus tard, les échevins écrivaient : « Le Port est dans sa perfection ; on n'a plus besoin que de l'entretenir ». L'envasement reprit ensuite, quoique ce modeste crédit fut maintenu jusqu'à la Révolution, mais il dut servir aussi à réparer les quais. Le curage ayant été abandonné, on évaluait, en 1805, à 700.000 mètres cubes la quantité de matières à enlever. C'est seulement en 1813 qu'eut lieu une adjudication pour le curage du port, afin d'y maintenir un tirant d'eau de 6 mètres. En 1836, on commença à faire usage d'appareils à vapeur pour les dragages. Le populaire a longtemps donné à ces dragues le nom pittoresque de « Marie Salope »... Les dépenses de curage du Vieux-Port et des bassins Nord s'élevèrent jusqu'à 230.000 francs en 1870 pour 200.000 mètres cubes, surtout enlevés du Vieux-Port avec des dragues à godets versant les vases dans des pontons qui les jetaient au large. Avec l'agrandissement des ports, le volume des dragages atteignit même 268.000 mètres cubes en 1894, mais pour une dépense réduite. Les égoûts, dont les dépôts boueux et nauséabonds envahissaient les premiers bassins, ayant été détournés par l'assainissement général de la ville depuis 1896, le Port-Vieux lui-même a vu ses eaux devenir claires et les mauvaises odeurs disparaître ; les poissons chassés ont reparu. La quantité de vase draguée dans les ports est descendue à 50.000 mètres cubes par an.

De 1819 à 1827, on reconstruisit, en l'alignant mieux et sur des fondations nouvelles, le quai Nord ou de Vieille-Ville sur toute sa longueur, mais la plate-forme ne reçut qu'une largeur de 6 à 9 mètres. Ce n'était encore qu'un promenoir ; les navires, placés perpendiculairement au quai, ne communiquaient avec la terre qu'au moyen d'allèges accostant de petits môles dits palissades, disposés en face des principales rues.

Le quai Sud ou de Rive-Neuve, déjà élargi en 1820, fut également réparé ou reconstruit de 1834 à 1838, et on lui donna des dimensions permettant le mouvement des marchandises.

Un bassin de carénage était devenu indispensable à la navigation, pour les réparations par abattage en carène ; il fut creusé de 1830 à 1840, dans le massif rocheux du fort Saint-Nicolas, à l'angle sud-ouest du Vieux-Port, avec une profondeur de 5 mètres.

Enfin, une loi de 1839 ordonna l'enlèvement des derniers hauts fonds du bassin, pour lui donner partout 6 mètres sous la basse mer, l'établissement de quais là où la rive en était encore dépourvue, ainsi que la reconstruction et l'élargissement des quais anciens, afin de permettre que les opérations commerciales puissent se faire directement sans être obligé de se servir d'allèges. Ces grands travaux durèrent dix ans et, notamment, le quai de la vieille ville fut porté à 22 mètres, en faisant disparaître plusieurs îlots de maisons, et on supprima les palissades. La passe fut définitivement débarrassée des derniers rochers et des restes d'un pilon maçonné qui l'obstruaient ; mais on la rétrécit par un petit môle sous le fort Saint-Nicolas pour abriter la partie du port voisine. Enfin, on établit six ponts mobiles sur le Canal des Douanes, profond de 3 mètres. En

Fig. 2. — Le Vieux-Port et le pont transbordeur.

1855, le quai de la Fraternité, devenu aujourd'hui quai des Belges, au bas de la Cannebière, fut porté de 15 à 45 mètres de largeur, en même temps que s'édifiait, au voisinage, le superbe Palais de la Bourse.

D'après le programme de 1837, on étudia à cette époque un projet de canal maritime à ouvrir entre le bassin de carénage et l'anse d'Endoume, pour créer une nouvelle entrée au Port-Vieux ; plus tard, on examina d'ouvrir cette communication seulement jusqu'à l'anse des Catalans ; mais ces suggestions ont été abandonnées à la suite du vote du bassin de la Joliette.

Un dock flottant, ou cale de radoub en bois, fut installé à Rive-Neuve, près du bassin de carénage, en 1846, par la Chambre de Commerce, puis géré à partir de 1859 par la Compagnie des Docks. Il pouvait recevoir les navires de 60 mètres de longueur et de 900 tonneaux de jauge brute. Ce dock flottant n'a été démoli qu'en 1894.

L'outillage du Port-Vieux est resté rudimentaire ; le quai de Rive-Neuve possède cependant un dock-entrepôt, et une voie ferrée en tunnel le rattache depuis 1878 au réseau P.-L.-M. par la gare du Prado.

En dernier lieu, on a établi en 1905, à l'entrée du Vieux-Port, — la passe mesure 72 mètres de large et 7 m. 50 de fond, — qu'il enjambe comme un immense cadre d'une grande légèreté, un pont-transbordeur en fer, du système Arnodin. Les pylones des deux rives sont hauts de 86 mètres et soutiennent, à 52 mètres au-dessus de l'eau, le tablier (accessible aux promeneurs) auquel se trouve suspendue la nacelle, mue par l'électricité, qui permet le passage aux piétons et aux véhicules d'un côté à l'autre du port.

Après avoir été encombré pendant des siècles, le Port-Vieux est aujourd'hui délaissé au profit des bassins Nord, et reste à moitié vide ; il jouit d'un calme qui contraste avec sa grande activité passée. Les voiliers continuent à le fréquenter en petit nombre, avec quelques vapeurs de charge ; des navires désarmés l'occupent en partie, et il se voit surtout affecté à la navigation de plaisance et de pêche et aux remorqueurs. Mais l'animation qui manque désormais à cette belle nappe d'eau, ses quais la possèdent avec intensité : rien n'est plus pittoresque et mouvementé que le quai de la vieille ville, sur lequel débouchent d'étroites ruelles en pente, et où grouille et s'agite le peuple de la cité, mêlé à des représentants de toutes les races du globe.

CHAPITRE IV

LA MARINE A VOILES ET LE COMMERCE A TRAVERS L'HISTOIRE

Nous ne pouvons qu'évoquer l'immense passé maritime et commercial de ce grand port, en jetant un coup d'œil sur les principales étapes de l'activité économique de Marseille à travers les siècles et sur les transformations essentielles de sa marine.

Dès l'époque grecque, Massalia fut un port célèbre. La colonie de marins et de marchands phocéens qui arriva dans le Lacydon 600 ans avant Jésus-Christ, naviguant sur des galères à voiles et à rames dites pentecontères, fut suivie d'autres contingents ioniens. La nouvelle cité devint rapidement une base importante de commerce maritime. Elle créa, à son tour, des colonies et ses navigateurs furent les plus hardis du temps.

C'est Pythéas, astronome et géographe massaliote, proclamé par ses historiens « un des plus intrépides explorateurs que le monde ait connu », qui, plus de 300 ans avant Jésus-Christ, s'aventura au delà des colonnes d'Hercule ou détroit de Gibraltar vers le Nord, découvrit les Iles Britanniques, les explora jusqu'à leur extrémité septentrionale et reconnut aussi les côtes de la Germanie ; il approcha de l'Islande et rapporta les premiers renseignements sur les régions arctiques. Egalement au IVe siècle avant l'ère chrétienne, un compatriote de Pythéas, Euthymènes, s'avança sur la côte occidentale de l'Afrique, jusque dans les parages du Sénégal.

Il paraît stupéfiant que ces courageux marins aient pu réaliser de tels voyages lointains avec les faibles moyens matériels de leur époque ; mais les anciens se contentaient de suivre les côtes, ne perdant guère la terre de vue et prêts à s'y abriter. De plus, les grands navires grecs étaient des spécimens déjà perfectionnés d'architecture navale, solidement construits et de dimensions considérables. Un fort vaisseau massaliote avait de 45 à 50 mètres de longueur, avec une largeur maximum du quart pour les bateaux marchands et du huitième pour les autres, près de 8 mètres de profondeur et un tirant d'eau de 3 à 4 mètres. Il jaugeait ainsi de 4 à 500 tonneaux, de sorte que le navire de Pythéas était supérieur en dimensions et en qualités nautiques à la caravelle avec laquelle le gênois Christophe Colomb devait découvrir l'Amérique 1800 ans plus tard... Les grands vaisseaux de Massalia avaient deux ponts, des gaillards d'avant et d'arrière surélevés, un grand mât à vergues portant des voiles carrées et deux petits mâts munis de voiles latines. A la force du vent, les galères ajoutaient celle des rames et une grosse trirème avait jusqu'à 174 rameurs.

Marseille grecque dut sa fortune aux progrès réalisés par les Gaulois, à son alliance avec Rome et à la ruine des ports concurrents. Mais elle eut à lutter contre des rivales puissantes, déjà en possession du commerce de la Méditerranée, spécialement Carthage, qu'elle vainquit de concert avec Rome, n'ayant plus alors de concurrente que dans Alexandrie. Elle se livra au commerce de transports et d'échanges des produits du monde antique, et fut désormais un entrepôt et un centre de distribution des marchandises. Les navires sortis des chantiers de Massalia, généralement à 50 rames, allongés et rapides, sillonnaient la Méditerranée et se transformaient, au besoin, en bâtiments de guerre. Un siècle avant Jésus-Christ, Massalia atteint sa plus grande prospérité antique : maîtresse du trafic dans la Méditerranée occidentale, elle fait les transports de Rome et des divers pays côtiers ; les Massaliotes sont les rouliers des mers.

La chute de la cité phocéenne devant César fut désastreuse pour son commerce maritime ; des ports rivaux furent créés par Rome : Arles et Narbonne. Elle ne put guère se relever et renouer les relations avec l'Orient qu'à l'époque des rois francs, malgré les invasions barbares et les pirates sarrazins. Par la grande route du Rhône et de la Saône et par le Rhin, les marchandises sont distribuées dans les pays francs et jusqu'en Allemagne, les leudes barbares ne faisant pas moins cas que les Gallo-Romains des produits de luxe apportés du Levant. Les négociants et armateurs étrangers affluent à Marseille, qui devient vraiment pour la Gaule la porte de l'Orient. De ce temps, date le fameux code dit « Consulat de la Mer », qui fut en partie l'œuvre des Marseillais, et que les autres peuples empruntèrent ; le droit maritime moderne en est sorti.

Au milieu des troubles de l'époque féodale, les Croisades vers la Palestine trouvèrent la flotte de

Marseille prête à l'action, et furent pour elle une source de grands profits (1099-1270). L'influence des Croisades sur le commerce marseillais fut immense ; jamais l'activité n'avait été plus grande. Le port s'emplit de vaisseaux et la ville de croisés ou de pèlerins ; les navires en construction se multiplièrent et il s'ouvrit de nombreuses manufactures d'armes. A cette grandiose entreprise lointaine, les habitants de Marseille prirent part au côté sublime comme croisés, au côté utile comme marins, commerçants et industriels.

Les rois de France ne s'embarquèrent point pour la Croisade à Marseille, qui ne leur appartenait pas, mais Saint-Louis y nolisa maints navires ; 10.000 hommes de Richard Cœur-de-Lion furent équipés, puis transportés en un mois par sa flotte. L'architecture navale agrandit alors les vaisseaux : les nefs marseillaises sont à deux mâts et six voiles, avec un pont et deux entreponts ; longs de 35 mètres et larges de 13, jaugeant plus de 600 tonneaux, ces navires arrivent à porter plus de 1.000 passagers et 60 chevaux. Deux fois par an, les nefs chargées de pèlerins français, anglais et allemands, mettaient à la voile, en même temps que les vaisseaux équipés par les Templiers et les Hospitaliers ; ces convois armés étaient ainsi mieux en état de résister aux attaques des pirates.

La cité traite de puissance à puissance avec les rois de France et les princes souverains d'Orient. Tandis que les grandes villes italiennes commercent surtout avec Byzance, Marseille, revenant vers son berceau en Asie, y prépare les voies de l'influence française. Ses colonies de négociants obtiennent des rois de

Jérusalem et de Chypre et des seigneurs de Syrie des concessions territoriales, des exemptions d'impôts et des avantages de toutes sortes, enfin le privilège d'avoir leurs représentants, les Consuls, qui exercent droit de juridiction et de protection, d'accord avec le Saint-Siège, sur tous les Chrétiens dans les Echelles du Levant et de Barbarie. Ce fut l'origine des Consulats. La République marseillaise, dont les navires arboraient un pavillon blanc à croix d'azur, se vit un moment presque aussi puissante que les républiques de Venise ou de Gênes.

Les bénéfices des Croisades se prolongèrent pour Marseille au delà de leur durée, car aux pèlerinages armés succédèrent les pèlerinages de dévotion. Cependant, les crises politiques, les discordes entre ses suzerains angevins et les Aragonais, les incursions des pirates barbaresques et l'établissement des Ottomans dans le Levant compromirent sa vitalité commerciale, à laquelle Montpellier, port des rois de France, faisait d'ailleurs une sérieuse concurrence. En outre, la sécurité déjà précaire en Méditerranée, y manqua plus encore au XVe siècle. Les comtes de Provence, rois de Naples, tentèrent d'avoir une marine militaire, en raison de l'insuffisance des navires marchands armés ; toutefois, leur flotte ne comprenait que quelques galères et caravelles, avec du matériel de combat. Le roi René dut affréter des vaisseaux aux armateurs de Marseille et de Gênes. Ce même souverain confirma l'institution des juges consulaires, lointaine origine de nos Tribunaux de commerce.

*
* *

Dès que Marseille fut annexée à la couronne de France, au début des temps modernes, elle devint le grand port français sur la Méditerranée, à la fois port de commerce et de guerre. Le maintien de la franchise de son territoire en fit de nouveau un centre d'échanges très actif. Aussi Marseille survécut, dans sa large sphère d'influence, au déplacement des routes économiques amené par les grandes découvertes océaniques du XVe et du XVIe siècle : l'Amérique et le Cap. Quand les capitulations négociées entre François Ier et le Sultan de Constantinople nous rouvrirent le chemin de l'Orient, les Marseillais, profitant de la décadence de Venise, s'emparèrent du commerce avec le Levant, en même temps qu'ils organisaient l'action française en Afrique. Marseille redevient alors la Reine de la Méditerranée, qui est « toute grouillante de ses vaisseaux. » Plus de 1.000 navires appartiennent aux ports de Provence.

L'embryon de marine militaire de la Méditerranée fut transformé par les rois de France en une véritable escadre de galères qui, notamment, chargea à Marseille et à Toulon (où se créait un port de guerre) vivres et munitions pour les expéditions d'Italie. Sous Henri II, en 1548, la flotte du Général des galères royales ancrée dans le port de Marseille se composait de 22 unités, la plupart construites dans ses chantiers, lorsqu'elle mit en fuite, dans le golfe, l'escadre impériale de 42 navires d'André Doria. La *Diane*, galère réale et seule quadrirème, était mise en marche par une chiourme de 222 forçats ; les trirèmes avaient 144 rameurs. Ces navires n'appartenaient pas tous au roi ; quelques-uns, seulement loués, étaient avec leurs équipages d'esclaves la propriété des capitaines. L'armée de mer du Levant comprenait neuf autres galères de première ligne.

Malheureusement, les guerres civiles, les attaques des pirates africains, les difficultés survenues dans les transactions en Orient avaient ruiné le commerce marseillais à la fin du XVIe siècle. C'est alors que pour remédier à cette situation, le Conseil de Ville jeta les bases, en 1599, de la création de la Chambre de Commerce, approuvée par lettres-patentes d'Henri IV et définitivement constituée en 1650 ; elle est la plus ancienne du monde entier. D'accord avec le pouvoir royal, cette Compagnie devient bientôt une sorte de gouvernement, qui entretient et dirige les consuls français dans les Echelles du Levant et de Barbarie, avec lesquelles elle assure le service postal et contrôle le commerce et l'émigration ; la Chambre traite avec des souverains, récompense les corsaires intrépides et arme même des frégates, tout en veillant aux intérêts et à l'administration du port. Louis XV étendit sa compétence au commerce avec tous les pays.

Au début du XVIIe siècle, le commerce extérieur de Marseille se bornait encore au Levant et à la Barbarie, à l'Italie et à l'Espagne. Il avait à souffrir de la concurrence de nouveaux venus dans la Méditerranée, les Anglais et les Hollandais, dont le port de relâche et le quartier général était Livourne. Leurs transactions avec l'Orient s'effectuaient sur de gros vaisseaux pouvant venir de l'Atlantique, tandis que les Marseillais préféraient des navires plus petits, dont chacun avait le sien... La vieille franchise du port s'était plus ou moins conservée, mais la douane à la sortie du territoire et les péages du Rhône rendant ce fleuve presque infranchissable au commerce international, un transit important qui se faisait par Marseille, de l'Orient et de l'Italie vers la Flandre et l'Angleterre, prit désormais la route de la mer.

Heureusement que Colbert, voulant relever le commerce maritime de la France et faire de Marseille une des premières villes du monde, restaura libéralement, par un édit royal de 1669, qui est une véritable charte du commerce et de l'industrie, la franchise du port et de la ville, tant des personnes que des choses, des Français et même des étrangers, sauf pour le Levant concernant ces derniers. Le régime de la liberté, qui ne s'appliquait toutefois qu'au commerce dans la Méditerranée, avait alors peu à peu disparu devant les exigences du fisc, et on ne tarda pas d'ailleurs à y porter de nouveau atteinte. Sous cette impulsion et la sécurité de la Méditerranée ayant été améliorée, l'action du commerce marseillais étendit ses courants principaux et gagna l'Océan. En effet, le Levant et la Barbarie ne monopolisèrent plus la grande navigation de Marseille, qui cependant jouissait d'un privilège, puisque les marchandises de ces pays payaient un droit de 20 % quand elles étaient déchargées dans un autre port. A la fin du XVIIe siècle, les capitaines marseillais commencèrent à fréquenter les Antilles ou Indes Occidentales et, au siècle suivant, leur commerce y prit une extension considérable, grâce à de hardis négociants armateurs. En allant en Amérique, certains navires touchaient à la côte occidentale d'Afrique pour embarquer des esclaves noirs. En même temps, se développait la navigation entre le vieux port méditerranéen et les ports français du Ponant, notamment de la Manche, et les relations s'établissaient avec les ports du nord de l'Europe. En outre, vers 1700, 50 galères du roi étaient attachées à son Amirauté.

Aussi toute la population s'intéressait-elle au commerce maritime, engageant des capitaux dans l'armement des navires et les compagnies coloniales. Le XVIIIe siècle fut une époque héroïque pour le négoce marseillais. C'était dans le port un fourmillement de vaisseaux, corvettes, brigantins, goélettes, polacres, barques et tartanes montés par de courageux marins. Les trois-mâts allant aux Antilles eurent d'abord 3 à 400 tonnes de portée, mais des navires de moitié plus petits s'y rendirent souvent ensuite. De modestes barques, à voilure latine, fréquentaient les Echelles d'Orient, et même de rapides tartanes, à un seul mât, y faisaient le service des dépêches. Passé déjà de la Méditerranée à l'Atlantique, le commerce de Marseille devint enfin mondial dans la seconde moitié du XVIIIe siècle : la route des Indes Orientales lui fut ouverte par la réduction du monopole de Lorient et quelques gros vaisseaux marseillais prirent chaque année le chemin du Cap.

Toutefois cette prospérité fut arrêtée par la ruine de notre marine militaire et la perte de notre empire colonial sous Louis XV et par la puissance nouvelle de l'Angleterre. La marine des galères qui encombrait mais animait encore le port de Marseille, fut absorbée par la marine de haut bord, définitivement installée à Toulon. Pourtant, en 1756, les armateurs marseillais équipèrent 140 navires en vue de l'expédition à l'île de Minorque, et pour aider la guerre

Fig. 3. — L'encombrement du Port-Vieux à la fin du Second Empire

de l'Indépendance américaine, le don fut fait au roi d'un vaisseau de ligne de 120 canons : le *Commerce de Marseille.*

La perturbation révolutionnaire, qui supprima le privilège de la franchise du port, et surtout les guerres de l'Empire et le Blocus continental, furent néfastes à l'activité maritime. Puis la Restauration ranima le commerce et rouvrit les mers ; un court essai de retour à la franchise, en 1815-17, démontra que ce régime ne correspondait plus aux besoins des temps nouveaux. La conquête d'Alger trouva à Marseille un grand concours matériel et moral ; elle coïncida avec l'apparition des premiers navires à vapeur et l'extension des relations internationales. L'ère s'ouvrait du progrès moderne et du développement extraordinaire du commerce maritime, dont Marseille allait profiter magnifiquement. Devant cette évolution formidable, la vaillante marine à voiles et le vénérable Lacydon devaient terminer ensemble leur glorieuse carrière : ils le firent en beauté.

L'insuffisance du Port-Vieux, déjà très encombré parfois au XVIIIe siècle, devint tout à fait intolérable vers 1840, à la veille de la construction du nouveau port. Il y entrait alors par jour une vingtaine de navires français ou étrangers, et il pouvait en contenir 700 : c'était la pittoresque forêt de mâts qu'on ne reverra plus. Le bassin était occupé dans toute sa longueur et sans interruption, par une foule de navires placés des deux côtés sur quatre rangs de profondeur, perpendiculairement aux quais. Le passage qui existait au milieu était si réduit que lorsque des navires mettaient à la voile, ceux qui les avoisinaient devaient filer leurs amarres pour les laisser sortir du rang qu'ils occupaient. Les opérations se faisaient en général sur radeaux ou allèges, et même par l'intermédiaire de navires voisins, naturellement à bras d'hommes. Certaines années suivantes les navires s'entassèrent sur cinq rangs au Frioul, des bâtiments attendirent près d'un mois leur tour de débarquement dans le port, et il fallut faire des transbordements de blé sur les rades de l'Estaque et d'Endoume.

***

Que représentait, en unités et en tonnage, notre ancienne flotte commerciale à voiles, et qu'en reste-t-il ? Les chiffres suivants renseigneront sur ce point intéressant. L'effectif de la flotte marchande de Marseille à la veille de la Révolution, indiquait une importante activité économique. Il s'élevait, en 1789, à 945 navires (statistique ministérielle ; une statistique locale ne donne que 778 navires), ayant ensemble 145.000 tonneaux de portée ; mais sur ce nombre, il y avait 450 petits caboteurs et bateaux de pêche jaugeant moins de 100 tonneaux. Les grands voiliers étaient au nombre de 35 d'une portée de 500 à 800 tonneaux, jaugeant au total 23.000 tonneaux ; ces bâtiments, ayant chacun un équipage de 30 à 40 hommes, étaient employés au commerce avec la Chine et l'Inde. Venaient ensuite 60 navires de 400 à 500 tonneaux, desservant les colonies françaises et les Etats-Unis ; puis 150 navires de 200 à 400 tonneaux, pour le commerce du Nord et du Levant, et enfin 250 de 100 à 200 tonneaux fréquentant les côtes d'Italie et d'Espagne et faisant le cabotage national.

La Révolution et l'Empire, et surtout la part plus

large prise par les marines étrangères au trafic du port, notamment avec le Levant (où notre commerce était auparavant réservé au pavillon français), réduisirent notablement la marine marseillaise. Dès 1803, le nombre des navires est descendu à 725, dont 7 seulement de 500 à 800 tonneaux, et à une jauge totale de 96.000 tonneaux. En 1837, au moment où la navigation à vapeur commence à prendre place dans le mouvement maritime, la flotte des voiliers marseillais compte 745 unités, jaugeant seulement 70.500 tonneaux ; il n'y a que deux navires de 500 à 600 tonneaux et, par contre, le nombre de ceux de moins de 100 tonneaux atteint 444. Sur ce total, au 1er janvier 1838 : 374 navires se trouvaient à la mer, 228 en activité, 20 en armement et 40 avaient à se réparer.

Cependant, il y eut encore un retour d'activité de la marine à voiles marseillaise après la guerre de Crimée. En 1857, l'effectif des voiliers atteignait 860 navires, avec 123.000 tonneaux. Mais ensuite, devant la création des compagnies de navigation à vapeur et la supériorité écrasante du nouveau système, la marine à voiles de Marseille a fortement périclité, plus d'ailleurs que celle des ports de l'Océan. En 1876, il y a encore 500 voiliers, jaugeant 75.000 tonneaux, dont un de 900 et 5 de 700 à 800 tonneaux. En 1883, le nombre des voiliers descend à 380 navires et 34.000 tonneaux. Toutefois les primes accordées par l'Etat ont fait remonter la jauge nette à 42.000 tonneaux en 1904, avec un grand quatre-mâts barque en acier de 2.000 tonneaux, le *Mistral* (perdu corps et biens dans les mers du Sud en 1909), 5 navires de 1.800 tonneaux et 4 de 1.100.

Enfin, le régime de la protection n'ayant pas été

maintenu, l'effectif local des navires à voiles et des chalands de mer est tombé à 18.000 tonneaux en 1915, pour remonter, au 31 décembre 1920, à la suite des besoins de la guerre, à 438 (dont 54 désarmés), jaugeant net ensemble 32.000 tonneaux (brut 35.000), dont 4 unités de 1.000 à 1.200 tonneaux ; 30 navires, jaugeant 7.000 tonneaux, étaient affectés au long cours. Cette marine était montée par 1.300 hommes d'équipage et comprenait 330 unités inférieures à 100 tonneaux, dont 126 bateaux de pêche de moins de 10 tonneaux. Il y avait en tout 700 barques affectées à la pêche côtière, ayant un armement de 2.000 hommes, et en outre, sans compter le matériel flottant de servitude du Port, on y voit plus de 1.000 canots et petits bateaux de plaisance.

L'apparence encore considérable de cette flotte des voiliers, de laquelle se sont détachés quelques bâtiments devenus navires mixtes à moteur, provient d'une nouvelle catégorie moderne d'armement en progrès, annexée à la marine à voiles, qui est la navigation par chalands de mer remorqués. Son effectif a doublé en 10 ans : au 31 décembre 1920, Marseille possédait 110 de ces chalands, jaugeant brut 15.000 tonneaux ; les deux plus gros atteignaient 500 tonneaux. Finalement, il ne reste guère qu'une cinquantaine de véritables voiliers importants. La navigation à voiles se trouve donc en réalité bien déchue et le Vieux-Port lui-même, où les pittoresques voiliers sont devenus peu nombreux, est désormais fréquenté par les navires à vapeur.

CHAPITRE V

LA MARINE A VAPEUR

Plusieurs faits de grande importance ont coïncidé, au cœur du XIXe siècle, pour amener l'expansion moderne du commerce maritime et spécialement du port de Marseille. Avec la conquête de l'Algérie, l'apparition de la navigation à vapeur et la création des chemins de fer, puis le percement du canal de Suez ont entraîné un développement considérable du trafic et nécessité la construction d'un nouveau port à Marseille. En même temps que les relations internationales prenaient un énorme accroissement, les facilités offertes aux transactions commerciales et le progrès industriel n'ont pas manqué de donner aux affaires un essor incomparable. Une ère nouvelle de prospérité s'est ainsi ouverte, transformant les conditions économiques.

Le premier navire à vapeur, mu par des roues à aubes, qui apparut dans le port de Marseille, fut le *Royal Ferdinand*, un vapeur napolitain qui ébaucha en 1818 — il y a donc plus d'un siècle — un service entre Marseille et l'Italie ; mais c'est seulement dix ans plus tard que ce même navire, auquel s'étaient joints deux autres bateaux analogues, réussit à entretenir une ligne régulière de Marseille à Gênes et Naples. De plus, en 1830, pendant la concentration de l'expédition d'Alger, deux vapeurs sardes relièrent quotidiennement Marseille avec Toulon.

L'honneur d'avoir doté Marseille de ses premiers vapeurs revient à deux négociants d'origine suisse fixés dans cette ville, MM. C. et A. Bazin. Ils firent construire, dans un chantier de La Seyne, deux vapeurs, au prix de 400.000 francs l'un, le *Henri IV* et le *Sully*, avec lesquels ils inaugurèrent, en mars 1831, un service de Marseille sur les ports italiens. Ces premiers spécimens du nouveau type étaient des navires en bois doublés en cuivre, ayant 42 m. 50 de longueur sur 5 m. 80 de largeur et 200 tonnes de jauge brute ; leurs machines et chaudières venaient d'Angleterre, où les vapeurs commençaient à se multiplier, et chaque machine était de 120 chevaux, donnant par les roues à aubes une vitesse maximum de neuf nœuds à l'heure. Il y avait un salon et des cabines pour les passagers.

En mai de la même année, le vapeur *Scipion*, de MM. Aynard frères, de Lyon, jaugeant 280 tonneaux et ayant 80 chevaux de force, qui venait d'être construit à Nantes, entreprenait aussi un service entre Marseille et l'Italie.

Le fret était rare, car seules les marchandises précieuses, telles que les soies et les espèces, pouvaient payer 80 francs de transport pour 100 kilogrammes, et les passagers appréhendaient, par crainte des explosions de chaudières, de s'embarquer sur des navires que, quinze ans plus tard, leurs adversaires appelaient encore « des cratères ambulants » !

A cette même époque de 1831, un vapeur de 39 mètres de longueur, calant seulement 65 centimètres, la *Ville de Valence*, de la Compagnie Générale du Rhône, reliait le port de Marseille avec Arles et Beaucaire et parvenait à établir un trafic assez actif de voyageurs et de marchandises.

En 1832, le *Scipion* réussit la première traversée de Marseille à Alger, mais il subit au retour une avarie de machine qui obligea un voilier à le remorquer à Toulon, ce qui ne manquait pas d'ironie... L'année suivante, un service d'Etat par des avisos à vapeur fut établi régulièrement entre Toulon et Alger, et Marseille dut l'emprunter pour ses voyageurs et ses correspondances. La liaison de la Corse avec la France, par une compagnie ayant trois petits vapeurs, existait aussi par Toulon, depuis 1830. En 1834, parut à Marseille le premier vapeur espagnol, *El Baléar*, venant de Barcelone.

Il devenait utile de faire bénéficier du nouveau mode de transport les relations de la France avec les pays du Levant par Marseille. Mais le Gouvernement, sans doute influencé par le puissant armement à voiles qui commençait à s'inquiéter de la concurrence, repoussa la courageuse initiative d'une compagnie marseillaise en formation dans ce but, et fit approuver en 1835, par les Chambres, la création d'un service d'Etat limité aux passagers et aux dépêches ; dix bateaux à vapeur à aubes, de la force de 160 chevaux, donnant 7 nœuds en route, furent commandés aux arsenaux de la Marine. Cette même année, la maison Bazin envoya vaillamment à Athènes son nouveau vapeur, le *Pharamond*, de 140 chevaux, mais elle ne put maintenir le service. Le premier paquebot de la ligne officielle, le

Scamandre, appareilla en 1837 pour Constantinople, avec escales en Italie, à Malte, Syra et Smyrne ; les autres bateaux suivirent, à raison de trois départs par mois, et on créa un service annexe entre Syra, Athènes et Alexandrie. A cette époque, de nombreux voyageurs fréquentaient le port de Marseille, d'où partait la Malle anglaise des Indes sur les vapeurs de l'Etat britannique, avec transbordements à Malte et à Alexandrie.

Les machines des vapeurs occupaient alors un espace considérable et consommaient beaucoup de charbon ; la place manquait à bord, et l'aliment rémunérateur de l'exploitation était encore les passagers. Les services d'Etat écartant l'initiative privée des routes de l'Algérie et du Levant, les armateurs marseillais se consacrèrent au cabotage sur les côtes méditerranéennes de la France et des pays voisins, et plusieurs nouveaux vapeurs y furent affectés.

Toujours entreprenants, MM. C. et A. Bazin organisèrent, en 1841, un service régulier sur Alger, en 48 heures, trois fois par mois, avec une telle supériorité que le Gouvernement ne tarda pas à traiter avec eux pour ses propres transports. En 1843, se constitua la plus vieille des entreprises actuelles de navigation du port de Marseille, la Compagnie Fraissinet, qui exploita d'abord des services de cabotage. D'autre part, M. Albert Rostand créait avec succès, en 1846, un service commercial régulier de Marseille jusqu'à Constantinople. L'armement libre avait enfin pu étendre son activité sur tout le bassin méditerranéen.

C'est alors qu'apparaît une nouvelle transformation navale qui, par la substitution de l'hélice aux aubes et la confection des coques en fer, allait donner son impulsion définitive à la marine à vapeur. Le premier vapeur à hélice entre à Marseille en 1845 : construit au Havre pour le compte de l'Etat, il s'appelle le *Napoléon* ; c'est un bateau mixte gréé en goélette, ayant une machine de 120 chevaux qui peut donner jusqu'à 11 nœuds de vitesse, et on l'affecte au service postal de la Corse. La Compagnie Valéry suivit cet exemple deux ans plus tard, avec le *Bonaparte*, construit à La Ciotat, et l'Etat lui concéda le service en 1850.

Le déficit des exploitations maritimes de l'Etat amena, en 1851, la création de la plus importante des compagnies de navigation françaises. De concert avec M. Ernest Simons, qui dirigeait les Messageries Nationales consacrées aux transports par diligences, M. Albert Rostand obtint, par contrat, une subvention de l'administration pour les lignes du Levant, qui devaient être desservies avec ses trois navires, ceux du service d'Etat et des paquebots à construire à La Ciotat. Pour cette grande exploitation, fut constituée la Compagnie des Services maritimes des Messageries Nationales. Le premier navire neuf de la nouvelle Compagnie, en 1852, fut le *Périclès*, de 64 mètres de longueur, de 300 tonneaux de jauge brute et de 300 chevaux de force. L'année suivante, la Compagnie anglaise « Peninsular and Oriental » se voyait confier par le Gouvernement britannique la malle des Indes au départ de Marseille.

Enfin, c'est en 1853 que la Compagnie de navigation mixte (Cie Touache), qui venait de créer une ligne sur Alger, aborda la première de Marseille la navigation transatlantique : son paquebot l'*Avenir*, construit à La Seyne, de 1.500 tonneaux de jauge brute et de 400 chevaux de force, avec une mâture gréée pour profiter des vents favorables, entreprit un service de passagers et de marchandises sur Rio-de-Janeiro, en touchant en Espagne, à Lisbonne, aux Canaries et à Gorée. La même Compagnie eut l'initiative d'envoyer trois ans plus tard à Hong-Kong, par le Cap de Bonne-Espérance, son grand vapeur *Europe*, de 82 mètres de long, jaugeant brut 2.000 tonneaux et pouvant atteindre 12 nœuds de vitesse.

Pour l'Extrême-Orient, et sans attendre l'achèvement des travaux du Canal de Suez, l'Etat signait en 1861, avec les Messageries alors Impériales et ensuite Maritimes, une convention pour un départ mensuel spécial de Marseille sur l'Egypte, avec correspondance pour la Chine, et l'année suivante, le paquebot *Impératrice* l'inaugurait de Suez sur Hong-Kong.

En 1869, le percement de l'isthme de Suez donnait le dernier coup à la marine à voiles au long cours, et rendait à la Méditerranée son rôle de grande voie maritime internationale, qui lui avait été enlevé en partie par la découverte de l'Amérique et celle de la route du Cap. La flotte marseillaise fut dignement représentée à l'inauguration solennelle du Canal, en novembre 1869, par une demi-douzaine de ses paquebots, aux côtés de ceux de la marine anglaise. La Compagnie Fraissinet envoya même aussitôt son vapeur *Asie*, de 1.100 tonneaux, à Bombay, et ce navire fut le premier, en janvier 1870, à franchir au retour avec un chargement la nouvelle voie navigable. Les Messageries Maritimes avaient traité avec l'Etat dès 1868 pour l'extension de leur service d'Extrême-Orient par la route du Canal.

Comme, en 1867, la Société Générale de Transports Maritimes avait pu créer enfin un service régulier mensuel sur le Brésil et La Plata, avec la *Bourgogne*, de 100 mètres de long, 2.000 tonneaux de jauge brute et 12 nœuds de vitesse maximum, la marine à vapeur de long cours se trouvait définitivement lancée et assurée d'un vaste avenir, aidée par les grands progrès de la construction navale.

*
* *

Les étapes successives de la navigation à vapeur : bateaux à aubes, puis à hélice, construits en bois, en fer, puis en acier ; perfectionnement des machines, utilisant mieux le combustible, donnant plus de vitesse et tenant moins de place ; enfin amélioration du confort et de la sécurité des passagers, ont été nécessaires pour amener les constructions maritimes à leur superbe développement contemporain. En même temps, les navires à vapeur ont dû lutter contre la routine, combattre la rivalité de la navigation à voiles qui se voyait supplantée, et trouver le terrain d'une exploitation fructueuse.

L'essor de la nouvelle marine a eu par conséquent à franchir assez lentement plusieurs phases jusqu'au jour où, sa grande supériorité démontrée, le besoin de progrès a entraîné une rapide expansion.

En 1840, les bateaux à vapeur marseillais n'étaient qu'au nombre de 13, jaugeant net ensemble 2.400 tonneaux, sans compter 10 navires des services d'Etat du Levant. En 1850, la petite flotte des vapeurs attachés au port de Marseille avait doublé : elle comprenait 30 navires, ne jaugeant net que 4.350 tonneaux au total, et faisait encore bien modeste figure à côté de l'armement à voiles. Mais seulement six ans plus tard, le nombre des vapeurs dépassait 100, avec 40.000 tonneaux. En 1870, il y a 200 vapeurs et 95.000 tonneaux. L'impulsion est maintenant donnée : la marine à voiles est battue, le canal de Suez exploité, et une voie triomphale s'ouvre désormais devant la navigation à vapeur qui, d'ailleurs, remplace davantage la voile à Marseille que dans les ports de l'Océan.

Ce qui va caractériser l'évolution du nouveau système, c'est l'accroissement considérable du tonnage moyen des vapeurs, plutôt que l'augmentation de leur effectif qui restera inférieur à ce qu'était autrefois celui des voiliers. Bientôt vont apparaître les paquebots de luxe et de vitesse, devenus aujourd'hui de magnifiques hôtels flottants. De 1860 à 1877, le tonnage total des vapeurs de Marseille a triplé, représentant plus de la moitié du tonnage à vapeur de la France entière. En cette année 1877 — il y a à peine 45 ans — on compte 58 vapeurs de 800 tonneaux net et au-dessus. Les paquebots ont à leur tête la *France*, de la Société Générale de Transports Maritimes, desservant l'Amérique du Sud et jaugeant net 2.200 tonneaux (brut 4.300), avec une machine de 450 chevaux, transformée plus tard pour s'élever à la force de 2.800 chevaux. Vient ensuite l'*Anadyr*, de la ligne de Chine des Messageries Maritimes, jaugeant net 2.000 tonneaux (brut 3.800), et dont la machine, forte de 600 chevaux, sera portée à 3.000 ; la Compagnie a d'ailleurs trois autres vapeurs analogues à celui-ci.

En 1887, la marine à vapeur de Marseille comprend 290 navires, atteignant la jauge nette de 250.000 tonneaux. Nous arrivons à 1900 et aux types puissants de la belle flotte actuelle ; l'effectif est de 332 vapeurs, avec 263.000 tonneaux net. A cette date, les paquebots les plus grands sont la *Ville de la Ciotat* et l'*Armand Béhic*, des Messageries Maritimes, longs de 154 mètres, jaugeant brut 6.600 tonneaux et net 2.800, ayant des machines de 7.000 chevaux. La Compagnie des Messageries possède alors 54 vapeurs, dont un groupe de paquebots de luxe, du type *Tonkin*, classés croiseurs auxiliaires, à deux cheminées et deux hélices, ayant obtenu près de 19 nœuds aux essais.

A cause des pertes ultérieures de la guerre, c'est en 1912 que le maximum du tonnage à vapeur marseillais s'est trouvé atteint, avec 370 navires (dont 6 désarmés), jaugeant net au total 390.000 tonneaux, et possédant des machines qui développaient 567.000 chevaux ; cette grosse flotte commerciale était montée par 15.000 hommes d'équipage, et sa valeur initiale pouvait être estimée à 350 millions de francs. En 1913, il y a eu une diminution accidentelle de 15 navires et de 5.000 tonneaux net.

Sur l'effectif total des navires en 1912, il est essentiel d'observer que 166 jaugent net chacun moins de 100 tonneaux : ce sont cent remorqueurs, des chalutiers, chaloupes du port, yachts, etc... Le nombre des véritables vapeurs de mer est de 200, dont 120 paquebots, filant au moins 12 nœuds, et 80 cargo-boats ou vapeurs de charge. Il y a 92 paquebots au-dessus de 2.000 tonneaux net (dont 18 jaugent brut plus de 6.000 tonneaux), représentant ensemble 280.000 tonneaux, et la navigation au long cours occupe 100 navires, correspondant à 230.000 tonneaux. La seule Compagnie des Messageries maritimes compte pour 60 navires. Le tonnage net des vapeurs marseillais, en 1912, égalait plus des deux cinquièmes de celui de toute la marine à vapeur française et presque celui de la flotte commerciale à vapeur d'importants pays maritimes comme la Grèce ou le Danemark.

Le plus grand paquebot est alors le *Paul Lecat*, courrier de Chine des Messageries maritimes, de 13.000 tonneaux de jauge brute (soit net 7.500), dont les puissantes machines développent, avec deux hélices,

Fig. 4. — Le paquebot *André-Lebon*.

10.700 chevaux. Il est suivi ,en 1914, par le *Patria*, de la ligne de New-York de la Compagnie Cyprien Fabre, de 12.000 tonneaux brut et de 8.000 chevaux, avec deux hélices.

Les paquebots les plus rapides sont, en 1912 et aujourd'hui encore, des courriers d'Alger de la Compagnie Générale Transatlantique : le *Charles-Roux*, de 4.000 tonneaux de jauge brute (net 1.200), le premier vapeur à turbines de la marine marchande française, qui dépassa aux essais 19 nœuds avec 9.500 chevaux et 3 hélices, et le *Timgad*, de 5.000 tonneaux brut, qui a pu atteindre 20 nœuds avec 10.000 chevaux et 2 hélices.

Il y avait 84 paquebots munis de la télégraphie sans fil en décembre 1913, et au cours de la guerre tous les vapeurs en ont été pourvus.

En réunissant les vapeurs et les voiliers pour établir un effectif total de la marine marchande de Marseille en 1912, on trouve 810 navires et une jauge nette de 412.000 tonneaux, avec un personnel navigant de près de 17.000 hommes. Parmi les voiliers sont comptés 90 chalands de mer, jaugeant brut 13.000 tonneaux, qui sont employés à une navigation côtière et conduits par des remorqueurs à vapeur ; certains grands chalands servent même à des transports réguliers de marchandises avec l'Algérie.

L'industrie de l'armement était exercée à Marseille, en 1913, par 64 maisons, sociétés ou armateurs particuliers, sur lesquelles 22 armaient des vapeurs de mer et 5 des vapeurs de pêche.

Nous verrons, d'autre part, quelles perturbations profondes notre marine commerciale a subi au cours de la guerre européenne. Cependant, de grands paquebots en construction au début des hostilités ont été mis en service par les Messageries Maritimes en 1915 : ce sont l'*André Lebon*, le *Porthos* et le *Sphinx*, ces deux derniers analogues au *Paul Lecat*. Les besoins des services postaux ayant leur base en Méditerranée, non plus que l'importance de la clientèle des passagers, ne réclament pas les dimensions géantes des paquebots transatlantiques ; de plus, les proportions des ports à desservir et la limitation du tirant d'eau du canal de Suez (9 m. 15), ne permettent guère l'emploi d'unités plus fortes. C'est l'*André Lebon* qui constitue le plus magnifique spécimen des bâtiments de luxe de notre grand port méditerranéen, et il mérite une description détaillée.

L'*André Lebon* a été construit par les chantiers de La Ciotat, près de Marseille, et lancé le 25 octobre 1913 ; il a été mis en service en décembre 1915 et affecté à la ligne de Chine et d'Extrême-Orient.

Voici ses principales caractéristiques :

Longueur entre perpendiculaires.........	161 m 30	
Largeur au maître couple................	18 83	
Creux sur quille au livet du pont supérieur.	13 75	
Tirant d'eau au centre du disque..........	8 97	
Déplacement correspondant.......	19.260	tonneaux
Jauge brute......................	13.681	—
Jauge nette......................	7.375	—
Capacité des souches à charbon.	2.350	mètres cubes
Capacité des cales et entreponts	6.134	—
Force des machines en chevaux-vapeur (2 hélices)..........	11.000	
Nombre de chaudières........	12	
Machines frigorifiques........	2	

La vitesse de ce paquebot s'est élevée à 17 nœuds à l'heure aux essais ; elle est de 14 nœuds en route libre. L'équipage compte au total 300 hommes, état-major compris.

Les installations pour passagers comprennent : en 1re classe : 256 places ; en 2e classe : 184 places ; en 3e classe : 113 places, soit 553 au total, et au besoin environ 1.000 rationnaires avec installations dans les entreponts.

L'*André Lebon* possède la disposition dite à cloisonnement, c'est-à-dire que les passagers trouvent toutes leurs commodités à différents étages, mais sans avoir à sortir au plein air pour se rendre, par exemple, de la salle à manger au fumoir ou au salon de conversation. De larges escaliers, munis d'ascenseurs, font communiquer les cinq différents ponts du navire, éclairés à l'électricité.

Le passager arrivant à bord est reçu dans un vaste carré, où se trouve un bureau de renseignements, et d'où partent les couloirs conduisant aux cabines et les escaliers desservant les divers étages.

La salle à manger des premières classes, richement décorée dans le style Louis XVI, et dont le plafond est soutenu par huit colonnes, peut contenir plus de 200 convives.

Sur le pont supérieur s'étendent les salons. C'est d'abord un grand hall, puis deux belles galeries à larges baies qui le font communiquer avec le salon de conversation et de musique, également dans le style Louis XVI. Plus à l'arrière, sur le même pont, se trouve le fumoir, à boiseries flamandes, aux confortables fauteuils, communiquant avec une vérandah formant, suivant la saison, jardin d'hiver.

Dans l'intervalle est une salle de récréation pour les enfants, décorée en style Pompadour, avec un théâtre Guignol. Il y a aussi des salons de coiffure.

Sur le pont supérieur se trouvent quatre cabines de grand luxe ; ce sont de vraies chambres, richement aménagées et comportant chacune une salle de bain et un cabinet de toilette ; elles possèdent un mobilier complet, armoire à glace, commode, fauteuils ; c'est dire qu'elles ne diffèrent guère, sur le rapport de l'étendue, des chambres d'un hôtel de premier ordre.

Les emménagements de 2e classe, pour être moins luxueux, n'en sont pas moins du dernier confortable, et les passagers de 3e classe trouvent des locaux aérés, où tout a été installé avec perfectionnement.

En 1920, ont été mis en service deux paquebots de particulière importance : le *Providence* et le *Lamoricière*. Le premier, de la Compagnie Cyprien Fabre, affecté à la ligne de Marseille et Naples à New-York et Providence (Rhode-Island), est le frère embelli du *Patria*, de la même Compagnie, avec 12.000 tonneaux de jauge brute et des machines de 9.500 chevaux, deux hélices et trois cheminées ; construit à La Seyne, il est très confortablement aménagé pour 500 passagers de cabines, ainsi que pour 1.800 émigrants. Le *Lamoricière*, de la Compagnie Transatlantique, courrier d'Alger, est comme le *Charles-Roux* un paquebot de luxe à turbines et à trois hélices, ayant des machines de 7.000 chevaux qui ont donné 18 nœuds aux essais, avec des chaudières chauffant à volonté au charbon ou au mazout ; il jauge brut 4.000 tonneaux, avec une longueur de 117 mètres, et ses splendides emménagements peuvent recevoir 228 passagers de première et seconde classe et 132 de troisième.

Egalement en 1920, est entré en service, pour la ligne de l'Amérique du Sud, un beau paquebot de la Société Générale de Transports Maritimes, le *Mendoza*, qui jauge brut 8.500 tonneaux, caractérisé par des machines à turbines de 8.000 chevaux pour deux hélices, la chauffe se faisant au mazout ou, au besoin, au charbon. Cette même Compagnie a pris l'initiative intéressante de faire construire, par les chantiers de La Seyne, deux paquebots à turbines qui vont être les premiers en France actionnés par des moteurs électriques.

En ce qui concerne les nouveaux navires à propulsion mécanique actionnés par des moteurs à explosion chauffant au mazout, au lieu d'appareils à vapeur chauffant au charbon, l'armement marseillais n'en possède encore qu'une demi-douzaine actuellement. Les deux principaux sont des navires pétroliers de 4.000 tonneaux de jauge brute : le *Radioléine* (machine de 2.400 chevaux) et le *Motricine*, et il y a aussi un ancien grand voilier, le *Jules-Henry*.

CHAPITRE VI

LA CONSTRUCTION DES NOUVEAUX PORTS
LES CHEMINS DE FER

Les progrès du commerce et du mouvement maritimes, accrus par l'essor que commençait à prendre la navigation à vapeur, avaient amené vers 1840 un tel encombrement du Vieux-Port, que le projet d'un nouveau bassin, depuis longtemps réclamé, dut enfin recevoir une solution. Il s'agissait, pour les autorités compétentes, de construire simplement un port « auxiliaire », et c'est au Nord, du côté des anses de l'Ourse et de la Joliette, que les ingénieurs des Ponts-et-Chaussées et la Chambre de Commerce proposaient de l'établir ; mais on fut retardé notamment par un projet moins favorable qui demandait cette extension au Sud, vers l'anse des Catalans. Enfin, après de longues discussions, le Gouvernement se décida à saisir les Chambres, et une loi du 5 août 1844 prescrivit la construction, en dehors du Vieux-Port, d'un nouveau bassin, dit de la Joliette, à conquérir sur la mer. Les travaux, quoique rapidement entrepris, furent terminés seulement en 1853 et coûtèrent dix-sept millions de francs ; mais, dès 1847, l'abri du nouveau port, affecté aux vapeurs, était utilisé et même en proie à l'encombrement. C'est en 1852, lorsqu'on achevait ce premier bassin Nord, générateur d'un nouveau quartier, que fut commencée, sur un terre-plein le dominant, l'édification de la magnifique Cathédrale byzantine qui fait aujourd'hui l'ornement de la façade maritime de Marseille, à côté des vénérables restes de la Major du XIe siècle.

Il fallut bientôt entreprendre un nouvel agrandissement à la suite du bassin de la Joliette, et surtout doter le port des Docks ou magasins qui devenaient indispensables. Une loi de 1854 autorisa la construction de deux bassins, dits du Lazaret et d'Arenc ; dès 1851, le Lazaret quarantenaire d'Arenc avait été transféré de la terre ferme aux îles du Frioul. Un décret de 1856 accorda ensuite à la Ville la concession de ces bassins, dont rétrocession fut faite aussitôt à la Compagnie des Docks et Entrepôts, spécialement créée, à l'instar des Docks anglais, par M. Talabot, en même temps directeur de la Compagnie du chemin de fer Paris-Lyon-Méditerranée ; celui-ci abandonna alors l'idée de création de ports Sud, dans la baie d'Endoume ou du Prado. La mise en exploitation des nouveaux bassins et des docks, avec la gare maritime de la Joliette, eut lieu le 1er janvier 1864. La concession de la Compagnie a reçu diverses extensions en 1860 et en 1875, malgré que les Docks aient été longtemps en lutte avec la corporation des Portefaix.

Sans attendre l'achèvement du Dock, un décret de 1859 avait ordonné de prolonger la ligne des bassins par la construction de celui dit Napoléon, devenu le bassin de la Gare maritime, qui fut terminé en 1863, en même temps que les Docks ; il était public comme celui de la Joliette et ceux qui allaient être construits au delà et où le travail est libre. Cette même année, un décret prescrivait le prolongement de la digue extérieure et l'établissement des traverses formant l'enceinte du grand bassin Impérial, aujourd'hui National. Une loi de 1874 a régularisé le programme et les dépenses de ces deux derniers bassins et de leurs môles, avec le concours de la Chambre de Commerce pour l'outil-

Fig. 5. — Entrée du Bassin de la Joliette

lage, qu'elle administre depuis 1881. Le vaste bassin National ne fut achevé qu'en 1883, marquant une étape importante de l'agrandissement du port.

Entre temps, des instruments de Radoub en cale sèche avaient été mis en construction en 1863, autour d'un bassin public de réparations à flot, entre le bassin National et la rive, avec concession de leur exploitation à la Compagnie des Docks ; les quatre premières formes de radoub, dont une de 130 mètres de long, furent inaugurées en 1871. Jusqu'à cette date, et depuis 1853, la Compagnie avait assuré le fonctionnement de deux cales sèches de fortune dans le canal de communication percé entre le Port-Vieux et le bassin de la Joliette. En 1884, un décret autorisa la construction de deux autres formes au bassin de Radoub, et enfin une septième forme, la plus grande, a été mise en service en 1913, pouvant recevoir les vapeurs longs de 205 mètres.

Après l'inauguration du bassin National, les installations du Port de Marseille se trouvaient arrivées à un degré considérable de développement, et un temps d'arrêt se produisit avant que ces vastes aménagements se fussent montrés à leur tour insuffisants. En 1893, et désormais avec la participation financière de la Chambre de Commerce, une loi décida la construction, toujours vers le Nord, d'un nouveau bassin avec môles, dit de la Pinède, et d'un bassin de remisage dans l'anse qui s'ouvrait plus loin en retrait au sud du Cap Janet ; ces travaux furent achevés en 1910. A ce moment, les besoins étaient déjà supérieurs à l'outillage, et une loi de 1909 venait de déclarer d'utilité publique un nouveau bassin, dit de la Madrague, qui a reçu pendant la guerre le nom du Président Wilson ; ce bassin possède les deux premiers môles obliques, facilitant mieux l'évolution des navires et des trains que les môles perpendiculaires à la rive. Il devait coûter 40 millions avec son outillage et se trouve en 1922 utilisé et sur le point d'être terminé, mais la dépense aura presque doublé. Situé à la suite du bassin de la Pinède et devant le bassin de Remisage, il complète dignement le magnifique ensemble d'ouvrages qui constituent actuellement le port de Marseille. En outre, d'importants travaux complémentaires ont été effectués à diverses époques, en dernier lieu en exécution d'un décret de 1913, spécialement pour l'approfondissement des bassins et l'amélioration des passes.

On voit d'après quels principes ont été établis les nouveaux ports de Marseille. Au Nord de la ville et vers le fond du golfe à l'Estaque, le long de la côte à peu près droite, on a conquis sur la mer, en comblant les criques et rasant les pointes, l'emplacement d'une ligne de bassins en prolongement les uns des autres, sous la protection vers le large d'une puissante digue en maçonnerie. Au fur et à mesure de l'avancement, les bassins ont été faits de plus en plus grands, avec des quais de plus en plus étendus, et ont atteint des profondeurs croissantes, afin de suivre le développement du matériel naval, en considérant que les ports sont faits pour les navires et non les navires pour les ports.

D'autre part, un grand projet depuis longtemps à l'étude, et dont nous reparlerons, est entré en exécution dans le but de relier le port de Marseille au réseau de la navigation intérieure par le Rhône. Une loi du 24 décembre 1903 a déclaré d'utilité publique l'établissement d'un canal de jonction de Marseille au Rhône, traversant en souterrain au Rove la chaîne des collines de l'Estaque et utilisant les étangs de Berre et de Caronte. Les travaux ont été inaugurés en 1906, et la digue du canal dans la rade de Marseille se trouve actuellement construite, aboutissant au bassin de Remisage du port.

***

Il y a lieu maintenant de revenir en arrière pour évoquer l'apparition d'un des grands éléments de la vie économique moderne, et particulièrement de la prospérité des ports en s'ajoutant aux succès de la navigation à vapeur : c'est la création des chemins de fer, qui ont beaucoup aidé l'expansion du commerce maritime.

En vertu d'une concession accordée par une loi de 1843, une Compagnie locale, au capital de vingt millions porté à cinquante en 1849, construisit, puis inaugura dès 1848 un chemin de fer d'Avignon à Marseille, long de 120 kilomètres, avant même que fussent achevées les deux lignes de Paris à Lyon et de Lyon à Avignon.

En 1852, une nouvelle Compagnie du chemin de fer de Lyon à Avignon, ayant comme la précédente à sa tête M. Talabot, obtint de rattacher à sa grande ligne celle d'Avignon à Marseille, en s'engageant à construire un embranchement de Rognac à Aix et, avec le concours de l'Etat, un embranchement de Marseille à Toulon, afin de relier au réseau le grand port militaire et de préparer la jonction avec l'Italie ; elle s'annexait également les chemins de fer du Gard, raccordés par le viaduc de Beaucaire sur le Rhône. La Compagnie prit alors le titre de Chemin de fer de Lyon à la Méditerranée, et c'est à partir de 1856 que les lignes de Paris à Lyon et à Marseille fonctionnèrent d'une manière régulière, l'embranchement sur Toulon étant d'autre part très avancé.

L'année suivante, une loi approuvait la fondation de la Compagnie des chemins de fer de Paris à Lyon et à la Méditerranée, dont l'éminent créateur était encore M. Talabot. En 1863, lui fut concédée la construction d'une ligne directe de Marseille à Aix, en vue de garantir la grande ligne de Paris de toute interruption dans le tunnel de la Nerthe. On peut regretter qu'à cette époque les tentatives de la Compagnie du Midi pour faire pénétrer son réseau jusqu'à Marseille aient été repoussées, ce qui a laissé ce grand port dans la dépendance du monopole de la Compagnie P.-L.-M.

Le chemin de fer arrivant de l'intérieur à Marseille, il y avait urgence à le relier avec le port, et c'est bien ce qu'entendit faire M. Talabot en créant la Compagnie des Docks, pour la jonction par ses magasins des voies de fer et de mer. En 1864, la gare maritime de la Joliette, reliée à la gare centrale de Marseille-Saint-Charles, fut mise en service pour les marchandises, le long des vastes bâtiments du dock, et les quais de la Compagnie furent sillonnés de voies ferrées.

Une convention entre l'Etat et la Compagnie P.-L.-M. intervint en 1883 pour la construction d'un embranchement se détachant de la grande ligne à l'Estaque, devant le tunnel de la Nerthe, pour aboutir directement à la gare de la Joliette ; d'une gare de marchandises à Arenc, au voisinage du bassin de Radoub, et enfin, en prolongement de celle-ci au Nord, d'une gare de formation des trains. L'embranchement de l'Estaque-Joliette et la gare de formation ont été livrés à l'exploitation en 1891, et la gare d'Arenc en 1897. La plupart des quais des nouveaux ports ont été successivement dotés de voies ferrées reliées aux gares par la Compagnie des Docks, l'Etat ou la Chambre de Commerce ; tout ce réseau est exploité par la Compagnie P.-L.-M.

Le Port-Vieux lui-même n'est pas sans liaison avec les voies ferrées, car un chemin de fer le relie en souterrain à la gare du Prado depuis 1878 ; cette ligne, qui aboutit près du bassin de carénage, dessert une partie du quai Sud ou de Rive-Neuve. Elle est exploitée pour une modeste quantité de marchandises depuis 1885 par la Compagnie P.-L.-M., mais pour le compte d'une Compagnie anglaise à qui elle fut jadis concédée.

Un nouveau chemin de fer a récemment amélioré d'une façon notable les communications par rail du port de Marseille avec l'intérieur de la France : c'est la ligne de Miramas à l'Estaque par le littoral, doublant celle qui emprunte le tunnel de la Nerthe, lequel avec ses 5 kilomètres de long, est le plus grand tunnel de la Compagnie. Concédée au P.-L.-M. par une loi de 1904, cette ligne de 60 kilomètres a été commencée en 1910 et ouverte à l'exploitation en 1915, au début de la guerre. Les travaux d'art y abondent, au flanc des collines abruptes bordant au Nord le golfe de Marseille, et elle est établie pour donner passage aux grands express ; aussi, le coût s'est-il élevé à 80 millions de francs. Ce chemin de fer franchit l'étang de Caronte entre Port-de-Bouc et Martigues, sur un viaduc de 943 mètres de longueur, qui est un magnifique ouvrage d'art, ayant onze piles, avec un pont-tournant métallique de 114 mètres, composé de deux travées équilibrées sur une tour centrale. Ce pont permet d'ouvrir une passe navigable de 43 mètres de large, mais comme il est à 23 mètres de hauteur, sa manœuvre n'est pas actuellement utile pour les petits navires franchissant le canal. Le poids de ce pont-tournant atteint 1.450 tonnes et cependant, il est mû par un moteur à essence de cent chevaux seulement : c'est d'ailleurs le plus grand ouvrage du monde tournant sur pivot.

CHAPITRE VII

L'AMÉNAGEMENT ET L'OUTILLAGE DU PORT

Une description sommaire des bassins et de l'outillage du port de Marseille, qui en font le plus puissant et le mieux aménagé de la France et de la Méditerranée, donnera une juste idée de l'importance des grands travaux maritimes réalisés.

Le chiffre des dépenses consacrées au port fournit à ce sujet une intéressante précision. Depuis 1814 jusqu'au 31 décembre 1918, non compris les gares maritimes et l'entretien des ouvrages, le total s'est élevé à une somme de 212 millions de francs, dont 117 provenant de l'Etat, 50 de la Chambre de Commerce et 45 de la Compagnie des Docks sur sa concession ; il a été dépensé, en outre, plus de 50 millions pour le Canal de Marseille au Rhône. L'Etat a surtout attribué ses crédits aux travaux d'infrastructure, la Chambre de Commerce et les Docks à l'outillage et aux hangars, dont l'exploitation leur revient. Les taxes perçues, générales pour le Trésor ou locales pour les concessionnaires, établies par tarifs homologués, couvrent les charges d'entretien et les emprunts spéciaux ; elles ont laissé des bénéfices à l'Etat.

L'accès des ports de Marseille est rendu facile par

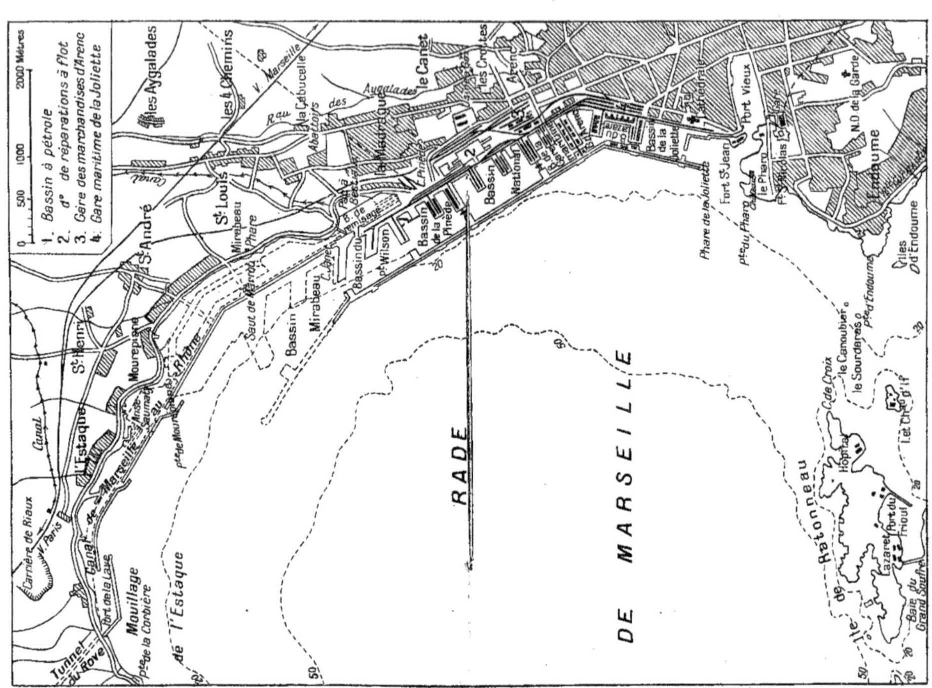

Fig. 6. — Plan du port de Marseille.

l'insignifiance des marées, qui le laissent libre à toute heure. Leur amplitude varie, en effet, de dix à vingt-cinq centimètres seulement, et leur influence sur le niveau de la mer est inférieure à celle du vent régnant. La côte est saine pour la navigation, en dehors des passages balisés et éclairés entre les îles du Frioul, le Château d'If et la pointe d'Endoume ; les fonds atteignent jusqu'à 85 mètres dans la baie de Marseille. Il existe néanmoins un service de pilotage. C'est au zéro d'une échelle en marbre scellée au pied du fort Saint-Jean, à l'entrée du Port-Vieux, que se rapporte le plan de niveau au-dessus de la mer des altitudes du nivellement général de la France ; en outre, un marégraphe totalisateur automatique a été installé dans un petit observatoire sur la Corniche.

Au milieu du vaste golfe de Marseille, les îles du Frioul (Pomègues, Ratonneau, etc...) constituent un large abri, et deux rades, celles de l'Estaque et d'Endoume, permettent de relâcher, selon le temps, au Nord ou au Sud du golfe, qui est ouvert à l'Ouest.

Pendant la nuit, l'atterrage au port de Marseille est facilité par le puissant phare de Planier, construit sur un îlot plat, à quinze kilomètres au sud-ouest du Port. C'est un des plus beaux phares du monde : son feu électrique à éclats atteint une intensité lumineuse d'un million et demi de becs Carcel, qui peut être doublée en cas de besoin. Il est établi au sommet d'une tour de 63 mètres de hauteur, datant de 1882 et qui en a remplacé une autre plus petite ; sa portée dépasse 80 kilomètres et, par conséquent, de beaucoup la zone laissée visible par la courbure de la Terre. Une sirène ou signal sonore à vapeur complète le phare pour les temps de brouillard.

Les nouveaux ports de Marseille sont une création entièrement artificielle, le long de la côte au Nord de la ville, où ils ont donné naissance à de vastes faubourgs. La grande Digue ou jetée en maçonnerie, qui limite les bassins vers le large, parallèlement au littoral, est un modèle du genre ; elle mesure actuellement près de cinq kilomètres de longueur. Cette digue a été bâtie sur un apport d'enrochements naturels, et elle se trouve protégée des assauts de la mer par un revêtement de gros blocs artificiels d'au moins dix mètres cubes. Les profondeurs auxquelles elle a été construite vont en croissant, de dix mètres au Sud à trente-cinq mètres au Nord. Une double promenade la parcourt, et ses quais intérieurs sont utilisés par le commerce.

Le Port défendu par cette digue possède deux entrées à ses extrémités : la passe Sud, la plus ancienne, large de 70 mètres et profonde de 8 m. 50, ne donne accès aux grands vapeurs que dans le bassin de la Joliette, l'ouverture de celui-ci à l'opposé étant étroite ; par contre, la passe Nord et principale mesure 105 mètres de large, par des fonds qui dépassent 20 mètres. (Le port de Gênes, de forme plutôt circulaire, n'a qu'une seule entrée, largement ouverte). Trois grands ponts-tournants métalliques, mus hydrauliquement, relient la jetée aux môles de rive, en franchissant les passes intérieures de la Joliette, d'Arenc et de l'Abattoir, celle-ci terminant au Sud le bassin National.

Outre la grande Digue, un brise-lames dit « les Pierres plates » protège, dans l'avant-port Sud, le canal de communication entre le Port-Vieux et la Joliette.

Le tableau suivant, établi d'après les relevés offi-

LES BASSINS ET LEURS QUAIS

BASSINS	SURFACES D'EAU		DÉVELOPPEM^ent DES QUAIS		Surface des quais et terre-pleins	Profondeur au quai de rive
	TOTALES	UTILISABLES pour les navires	TOTAL	UTILISABLES pour le commerce		
	(hectares)	(hectares)	(mètres)	(mètres)	(hectares)	(mètres)
Port-Vieux	25,2	25,2	1.789	1.677	5,5	6
Annexes { Bassin de Carénage / Canal de la Douane	2,3	0,7	1.559	»	1,4	5 et 3
Bassin de la Joliette	20,0	19,5	1.943	1.608	6,1	8
Annexes { Canal de communica^tion. / Bassin de stationne^ment.	2,5	1,7	1.359	552	2,7	6 et 5
Bassins du Lazaret et d'Arenc	16,3	15,6	2.504	2.242	20,0	8
Bassin de la Gare maritime	18,2	17,0	2.328	2.128	9,1	8
Bassin National	41,9	40,6	3.919	3.719	22,3	9
Bassin de la Pinède	28,0	27,0	3.226	2.786	20,1	9
Bassin Wilson ou de la Madrague	31,3	29,5	3.162	2.697	17,1	12
Bassin de remisage	15,4	»	995	»	3,2	3
Bassin de radoub	5,6	»	852	»	1,7	9
Bassin du Pharo	1,0	»	70	»	0,1	»
Avant-ports Sud et Nord	3,5	»	742	»	0,3	»
TOTAUX	211,2	176,8	24.448	17.409	109,6	»

ciels, montre mieux que des explications, les dimensions des divers bassins actuels du port de Marseille et de leurs dépendances.

Au total, le port de Marseille, avec ses huit bassins commerciaux et les bassins accessoires, représente donc 211 hectares de surfaces d'eau, dont 177 utilisables pour le stationnement des navires et pour les opérations de débarquement et d'embarquement ; 24 kil. 1/2 de longueur de quais, dont 17 1/2 utilisables pour les opérations commerciales ; 109 hect. 1/2 de surfaces de quais pour les voies de circulation ou les dépôts de marchandises (ceux-ci disposant de 50 hectares), sans compter 8 hectares de terre-pleins et de cales sèches du bassin de Radoub. L'immense surface totale du Port — terre et mer — est ainsi de 329 hectares. Vers 1880, avec le bassin National, les données respectives étaient de 150 hectares de surfaces d'eau, dont 120 utilisables, de 18 kilomètres de longueur de quais, dont 13 utilisables, et de 80 hectares de surfaces de quais, soit en tout 230 hectares. On verra, d'autre part, que le mouvement maritime et commercial a progressé beaucoup plus vite que l'agrandissement du port.

Dans l'ensemble des bassins, 14 traverses ou môles, dont 8 portant des hangars, sont enracinés sur les quais de rives ; les deux derniers sont obliques. Il y a au total, en vue des opérations commerciales, 136 postes pour les vapeurs de mer ayant plus de 6 mètres de tirant d'eau ; 30 emplacements sont loués à des Compagnies maritimes.

Dans le bassin de la Joliette, le plus encombré, étant surtout affecté aux services postaux méditerranéens, les vapeurs ne peuvent accoster que par l'arrière, mais dans les autres bassins ils se placent généralement bord à quai, condition la plus favorable aux opérations.

Spécialement dans les bassins Nord, des coffres d'amarrage ou bouées sont du côté du large à la disposition des vapeurs n'ayant pas d'opérations à faire ou des vaisseaux de guerre. Une grille de clôture entoure la plus grande partie des nouveaux ports, le long des voies charretières et ferrées, et facilite la surveillance, pour laquelle un corps spécial de police vient d'ailleurs d'être créé avec le concours de la Chambre de Commerce, sans compter le personnel des douanes.

Tous les bassins du port sont de forme rectangulaire. Le plus grand est le National, qui mesure 920 mètres de long sur 515 de large. Le Port-Vieux a 890 mètres, avec une largeur moyenne de 290. Les plus grandes profondeurs, au pied des murs de quais, sont de 12 mètres dans le bassin de la Madrague, en état de recevoir les vapeurs de 250 mètres de long, et on trouve des fonds supérieurs à l'intérieur des trois derniers bassins Nord.

Le bassin de Radoub, situé sur le flanc côtier du bassin National et communiquant avec lui par une passe que franchit un pont tournant hydraulique, possède sept formes (concédées à la Compagnie des Docks) où les navires peuvent être mis à sec pour leurs réparations. La plus grande de ces formes est longue de 213 mètres et large de 25 mètres, avec un tirant d'eau de 9 mètres à l'entrée ; elle peut recevoir un vapeur atteignant 205 mètres de longueur. Cette forme a une contenance de 60.000 mètres cubes, et elle se vide en trois heures ; le temps nécessaire à l'accorage d'un navire y est de 30 minutes seulement. Pour l'ensemble, il existe deux groupes de machines d'épuisement, l'un électrique et l'autre à vapeur. A notre époque, 600 navires passent annuellement dans ces cales sèches, pour une moyenne de trois jours, dont une centaine dans la plus grande forme.

D'autre part, le bassin de Carénage, annexe du Vieux-Port, reste fréquenté par maints voiliers ; en 1913, 460 navires y avaient été réparés, mais leur nombre a diminué de moitié pendant la guerre.

Les deux bassins de réparations et celui de remisage correspondent au total à 22 hectares de surfaces d'eau, deux kilomètres de longueur de quais et 6 hectares de surfaces de quais, auxquels il faut ajouter pour le seul bassin de Radoub 8 hectares de terre-pleins et de cales sèches. Le bassin de Remisage, dans l'anse de la Madrague en arrière du bassin de ce nom, sert d'abri à des embarcations de servitude, à des navires en démolition et au matériel des travaux du Port ; les fonds y sont inférieurs à cinq mètres. Enfin, il y a sur les terre-pleins des quais 3 hectares occupés par des bureaux administratifs, ateliers et machineries. Tout cet ensemble d'accessoires représente, avec les avants-ports, les zones portuaires qui n'ont pas un usage proprement commercial.

La concession de la Compagnie des Docks et Entrepôts, qui déborde des bassins du Lazaret et d'Arenc sur la traverse de la Joliette et sur la traverse d'Arenc commune au bassin de la Gare maritime, occupe 21 hectares de surfaces d'eau et 21 hectares de terrains, avec 3 kilomètres et demi de quais.

En ce qui concerne les installations spéciales, il

existe dans l'angle nord-est du bassin de la Pinède un petit bassin ou darse aux pétroles, clos de murs et isolé de la mer par un barrage flottant en travers de sa passe. Sur le côté Sud de ce dernier bassin, le môle F est aménagé pour le débarquement du bétail, en avant des Parcs aux bestiaux qui précèdent les Abattoirs. Enfin le quai des Anglais, qui est celui bordant à l'intérieur la grande jetée des bassins Nord, est surtout affecté aux charbons.

Quant au bassin du Pharo, compté par l'administration dans le port de Marseille, c'est en réalité un simple abri isolé, faisant face à l'entrée de la Joliette et précédant celle du Port-Vieux ; il sert de chantier de construction pour de petites unités et des embarcations de servitude.

Pour l'exploitation de ce grand domaine portuaire, la Chambre de Commerce et la Compagnie des Docks ont mis en service un outillage devenu formidable d'appareils de manutention, de hangars ou magasins et de voies ferrées.

Les engins de levage le long des quais comprennent 120 grues hydrauliques mobiles sur rails, 40 grues électriques mobiles sur rails, 9 grues hydrauliques fixes, 8 grues à vapeur mobiles sur rails, 3 grues fixes à bras (Port-Vieux), enfin une forte bigue oscillante hydraulique, soit au total 180 engins. (En outre, 20 cabestans électriques et 48 cabestans hydrauliques servent à la manœuvre des grues mobiles et des wagons). Il existe de plus, appartenant à des entrepreneurs, 40 engins flottants : pontons-mâtures à vapeur, grues à vapeur ou électriques et pontons-mâtures à bras. Ajoutés aux 180 appareils précités, ils forment un total de 220.

D'autre part, la Compagnie des Docks possède des installations d'élévateurs et de descenderies à vapeur ou hydrauliques et de transporteurs à toile sans fin électriques. Des entreprises de manutention disposent aussi de 14 élévateurs électriques à godets ou norias (dits Poulsons) pour les céréales, d'un élévateur pneumatique et de tapis roulants.

Au point de vue de la puissance, la grande bigue atteint une force de 120 tonnes, suivie d'un ponton-mâture de 55 tonnes et de deux de 50 tonnes, puis de 17 appareils de 5 tonnes et au-dessus. Construite sur le quai de rive du bassin National, en avant de la machinerie centrale de la Chambre de Commerce, à laquelle elle appartient, la grande bigue sert surtout à mouvoir des chaudières ou de lourdes pièces de machines. Elle se compose d'un trépied oscillant, haut de 33 mètres, à la tête duquel est suspendue une presse hydraulique servant à soulever la charge, et dont les mouvements sont produits au moyen d'une seconde presse qui actionne directement la queue de l'un des pieds formant bielle ; les deux autres pieds tournent autour de deux tourillons scellés sur le bord du quai ; la queue de la bielle glisse sur un chevalet métallique. La course du crochet de levage est de 14 mètres, et l'amplitude de son déplacement horizontal est aussi de 14 mètres.

Le matériel flottant de servitude, appartenant à des Sociétés ou entrepreneurs, se compose d'allèges, embarcations et engins divers (mahonnes, chattes, chalands, pontons, barques à clapets, bateaux citernes, embarcadères, etc...), au nombre de 760, dans les divers bassins, pouvant porter plus de 50.000 tonnes.

Pour les secours en cas d'incendie ou de naufrage, le

service du Port possède trois bateaux-pompes à vapeur, grâce au concours de la Chambre de Commerce, et l'industrie privée tient en station à Marseille des vapeurs de sauvetage. Des sémaphores ou vigies surveillent la mer de plusieurs points élevés de la côte.

Les hangars ou magasins de la Compagnie des Docks offrent une superficie totale de 17 hectares sur les quais de sa concession, et de 10 hectares dans son Domaine privé en arrière des bassins (avec un grand entrepôt à 6 étages), soit 27 hectares, étages compris. Les Docks peuvent contenir près de 200.000 tonnes de marchandises, en comptant des dépôts à découvert. Le privilège de l'entrepôt réel de douane a été conféré aux Docks, dont l'installation perfectionnée est d'ailleurs un modèle du genre ; le seul Domaine privé a coûté 20 millions. On y trouve un entrepôt frigorifique d'une capacité de 7.000 mètres cubes.

Les hangars publics administrés par la Chambre de Commerce, au nombre de 14 dans les différents bassins, présentent une superficie utilisable de 11 hectares, et des entrepôts supplémentaires ont été improvisés pendant la guerre, ce qui donne au total 40 hectares de magasins. Dans l'ensemble du port, les hangars et les quais peuvent recevoir environ 400.000 tonnes de marchandises.

Concernant les chemins de fer, Marseille est desservie par la grande ligne du P.-L.-M. de Paris à Nice, par la ligne Marseille-l'Estaque-Port de Bouc-Miramas-Salon et au delà, et par la ligne de Marseille à Aix et aux Alpes. Le Port possède spécialement les gares maritimes de commerce de la Joliette, de 7 hectares de superficie, et d'Arenc, de 23 hectares, reliées entre elles et à celle de l'Estaque, ainsi qu'à la grande gare centrale de Saint-Charles, de 32 hectares ; en outre, la petite gare du Port-Vieux se rattache à la gare de marchandises du Prado, de 12 hectares, ce qui fait un total de 75 hectares pour les cinq gares de Marseille, qui sont toutes au P.-L.-M. Celle de la Joliette est exclusivement affectée aux marchandises en

Fig. 7. — Les Docks et la gare de la Joliette

provenance ou à destination des quais et au transit de douane.

La longueur des voies ferrées des quais est de 16 kilomètres pour le réseau des Docks et de 40 kilomètres pour celui des quais publics exploité par la Compagnie P.-L.-M., soit au total 56 kilomètres de chemins de fer, reliés aux gares maritimes.

Enfin, les quais sont éclairés la nuit à l'électricité ou au gaz et ont été munis de bornes-fontaines et de prises d'eau. La Chambre de Commerce y entretient des postes de pompiers et un poste médical de secours.

Elle assure aussi des services météorologique et chronométrique.

Le port de Marseille est pourvu d'une station radiotélégraphique installée pendant la guerre sur la grande Jetée, au quai des Anglais, par les services de la Télégraphie sans fil. Elle n'est que de faible puissance, mais communique avec le poste à longue portée des Saintes-Maries de la Mer et suffit aux nécessités maritimes actuelles.

De nombreux câbles télégraphiques sous-marins ont leur atterrissage à Marseille. Les lignes françaises sont au nombre de six, dont quatre avec Alger, une avec Oran et une avec Bizerte. Il y a en outre trois câbles anglais : deux nous reliant à Malte et à l'Orient via Bône, et un à l'Espagne par Barcelone.

Le port du Frioul, annexe de celui de Marseille, a été construit en 1825 entre les deux grandes îles du golfe, Ratonneau et Pomègues, par l'érection d'une forte digue les reliant ; il a été complété en 1845 par une jetée à l'Est. Sa superficie égale 16 hectares, avec des profondeurs de 9 mètres à quai, et il peut recevoir les plus grands paquebots. Depuis le transfert au Frioul, en 1851, du Lazaret d'Arenc, ce port quarantenaire a été doté de vastes installations sanitaires et hospitalières qui le placent au premier rang des établissements similaires dans le monde ; on peut y admettre 1.200 passagers.

Il faut mentionner aussi qu'un petit port, dit de la Lave, a été créé à l'ouverture du souterrain du Rove sur le Canal de Marseille au Rhône, dans le golfe de l'Estaque, d'où part la jetée du Canal jusqu'au port de Marseille.

Enfin, deux grands chantiers de constructions navales, propriétés de Compagnies privées, sont installés à proximité de Marseille, à La Ciotat au Sud, et à Port-de-Bouc au Nord : on y a construit de nombreux paquebots et vapeurs de charge pour la flotte marseillaise.

CHAPITRE VIII

LE MOUVEMENT MARITIME ET COMMERCIAL LES PAVILLONS, LES PASSAGERS

Au cours des péripéties variées de sa longue histoire, le port de Marseille a vu se succéder de nombreuses périodes de prospérité ou de marasme, de paix ou de guerre, durant lesquelles il s'est trouvé parfois encombré et parfois vide. Mais les précisions manquent à ce sujet, et l'on ne possède pas antérieurement au XVIIe siècle, des chiffres approximatifs sur le nombre des navires fréquentant le port et sur l'importance de son commerce.

Au début de ce siècle, les relations de Marseille étaient encore à peu près limitées à la Méditerranée, et 200 navires suffisaient normalement aux transactions autres que celles du petit cabotage. Les principales relations maritimes étaient celles avec le Levant ; en 1621, un nombre élevé de bâtiments (400) y était consacré, mais les variations étaient si considérables qu'en 1664, cette flotte se voyait réduite à 30 navires seulement. Le nombre des voiliers arrivés du Levant oscilla ensuite de 160 vers 1700 et 370 vers 1728, à 80 vers 1758 et 230 vers 1768. La Barbarie était aussi un objectif important de la navigation marseillaise : le nombre des navires arrivés de ce pays varia de 17 vers 1672 à 50 vers 1700, et de 14 vers 1738 à 90 vers 1789. Il existait en outre des navires caravaniers (dans le genre des modernes *tramps* anglais) quittant la Provence pour plusieurs années consacrées au cabotage dans le Levant : il en revint 68 en 1776, mais seulement 20 en 1779. Les relations avec les Antilles furent intenses au XVIIIe siècle et durant le second quart de ce siècle, 680 bâtiments mirent à la voile pour cette destination ; ensuite il y eut même augmentation. D'autre part, de nombreux petits caboteurs reliaient Marseille aux ports d'Italie et d'Espagne : en 1682, il y eut 270 départs pour les premiers et 190 pour les seconds.

Ce n'est guère qu'à partir du milieu du XVIIIe siècle que l'on commence à avoir une statistique d'ensemble du mouvement du port de Marseille. En 1760, année de crise, on compte 1.506 navires entrés, dont 852 du petit cabotage ; 320 viennent des Etats d'Italie, 164 d'Espagne et de Minorque, 73 du Levant, 34 de Barbarie, 28 de Hollande, 8 des pays Scandinaves, 7 du Portugal. En 1785, époque d'assez bonne prospérité, le nombre des navires de commerce entrés s'éleva à 2.930, jaugeant ensemble plus de 300.000 tonneaux, sans compter 1.600 bateaux de pêche et de cabotage sur la côte. Le total ci-dessus représentait environ le tiers du tonnage de l'ensemble des ports français.

La Révolution n'empêcha pas d'abord le commerce maritime de Marseille de se développer pour ravitailler le pays. Une statistique douanière de 1792 fournit un relevé complet des entrées et sorties réunies, donnant 5.059 navires, dont seulement 760 ayant quitté la Méditerranée, et 684.000 tonneaux. La répartition indique 2.000 navires et 200.000 tonneaux concernant les ports d'Italie ; 760 navires et 131.000 tonneaux, l'Espagne ; 750 navires et 122.500 tonneaux, le Levant et la Barbarie ; 282 navires et 62.000 tonneaux, les ports français de l'Océan ; 220 navires et 44.000 tonneaux, les ports du Nord de l'Europe ; 180 navires et 72.000 tonneaux, les colonies d'Amérique ; 74 navires et 3.000 tonneaux, Terre-Neuve ; 3 navires et 1.300 tonneaux, la mer des Indes ; enfin 790 navires et 47.500 tonneaux le cabotage de la Méditerranée. En 1800, il y eut près de 4.000 entrées (comprenant toutefois peu de longs courriers), mais seulement la moitié en 1807, la plus mauvaise année de la période révolutionnaire et impériale.

La Restauration vivifia le commerce en amenant à Marseille, dès 1820, 8.800 entrées et sorties de navires, avec 600.000 tonneaux de jauge nette. En 1830, le million de tonneaux se trouva presque atteint, avec 11.000 navires à voiles, entrées et sorties réunies ; cependant la plupart des bâtiments et près de la moitié du tonnage formaient encore une grande part au cabotage, qui allait rapidement céder la place à la navigation mondiale desservie par la marine à vapeur.

Le mouvement de la navigation dans le port de Marseille s'est accru ensuite et jusqu'à nos jours dans des proportions formidables, grâce au développement universel du commerce maritime. Toutefois, en ce qui concerne le nombre des navires, le maximum s'est trouvé atteint en 1847, en raison des besoins d'approvisionnement causés par une disette nationale : entrées et sorties réunies, il s'éleva à 24.600 navires, dont moins de 1.500 vapeurs. En 1860, il n'était de nouveau que de 17.000. Huit ans plus tard, on revoyait le nombre de 23.378 navires (dont 16.725 voiliers), puis la baisse a repris avec continuité. Le remplacement des modestes voiliers par les gros vapeurs rendait cette diminution inévitable ; le tonnage moyen des navires a en effet décuplé depuis 1850, passant de 120 tonneaux à 1.200 tonneaux aujourd'hui. Le nombre des navires entrés et sortis est ainsi redescendu à ce qu'il était il y a un demi-siècle. Il représentait, en 1913, une moyenne de 47 arrivées ou départs de navires chaque jour, correspondant à une jauge nette de 58.000 tonneaux.

C'est le tonnage de la navigation à vapeur qui a pris un essor gigantesque. Dès 1837, celle-ci jouait un rôle notable dans le mouvement du port, avec 756 steamers entrés ou sortis, jaugeant 180.000 tonneaux. En 1860, la statistique des vapeurs donnait déjà 3.528 unités, avec 1.105.000 tonneaux, sur un total de 2.760.000. Il suffit de quatre autres années pour permettre au tonnage de jauge des vapeurs de dépasser celui des voiliers, mais ces derniers surpassèrent une fois encore, en 1868, leurs concurrents, qui restèrent désormais victorieux. En 1880, la proportion des voiliers dans le mouvement du port n'était plus que du quart du tonnage total ; ce n'est cependant que deux ans plus tard que le nombre des vapeurs dépassa, pour la première fois, celui des voiliers. Aujourd'hui, la part de la voile, même avec les chalands de mer, est tombée à moins du vingtième de l'ensemble du tonnage.

Le tonnage de jauge nette, entrées et sorties réunies,

arrivé exceptionnellement dès 1847 à près de 3 millions de tonneaux, ne retrouva ce chiffre qu'en 1855, par suite de l'activité née de la guerre de Crimée. Heureusement que le bassin de la Joliette venait alors d'être ouvert, car le Vieux-Port ne pouvait plus suffire, et la construction des ports Nord allait seule permettre la marche ascendante de s'amplifier extraordinairement, pour arriver au quatrième million de tonneaux en 1867, puis au cinquième en 1874. Le progrès fut ensuite rapide, si bien qu'en 1882 le tonnage de 1867 se voyait doublé. En 1891 le dixième million était atteint, mais le protectionnisme entraîna alors un peu de stagnation. Néanmoins, grâce à l'expansion coloniale de la France et au développement industriel de Marseille, ainsi qu'aux progrès des pavillons étrangers, le tonnage de 1882 avait doublé à son tour en 1906, année qui obtint 16 millions de tonneaux. L'ascension s'est continuée jusqu'en 1913, en sorte que le mouvement maritime de Marseille s'était accru en tonnage de plus de 20 fois depuis 1830, avait quintuplé depuis 1870, et avait doublé depuis 1896 au moment de son maximum, l'année avant la guerre.

Entre tous les grands ports du monde, Marseille était le troisième en 1830, après Londres et Liverpool, mais il a été distancé ensuite par New-York et Hong-Kong, Newcastle et Cardiff ; il n'y a pas lieu de compter la prépondérance des passages du Bosphore et du Canal de Suez. Jusqu'en 1889, Marseille a tenu tête aux principaux ports du Continent européen, mais il a été dépassé depuis lors par Hambourg, Anvers et Rotterdam, qui bénéficient d'une intense navigation fluviale et ont progressé davantage.

Fig. 8. — Mouvement de la navigation (entrées et sorties réunies)

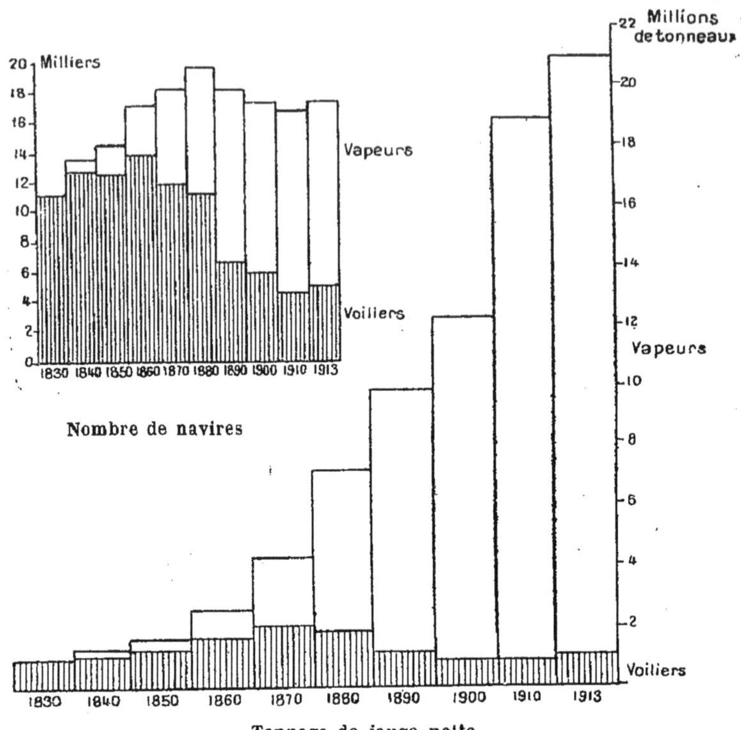

Nombre de navires

Tonnage de jauge nette

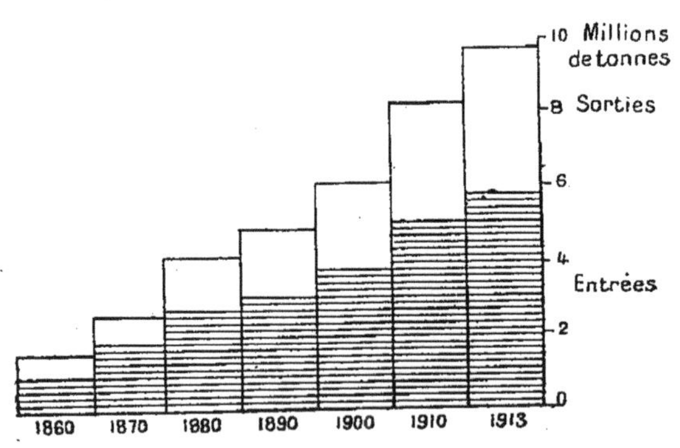

Tonnage des marchandises

En France, lors de son apogée en 1913, Marseille égalait en tonnage le tiers du mouvement général (comme déjà à la veille de la Révolution) et dépassait à lui seul le mouvement de la navigation des trois ports du Havre, de Bordeaux et de Dunkerque réunis.

La répartition de la jauge des navires par pavillons offre un vif intérêt. Jadis, le pavillon national effectuait la grande majorité des transports. En 1760, sur 1.500 navires entrés, plus de 1.000 étaient français. En 1785, sur près de 3.000 entrées, on compta 1.800 navires français, pour la plupart marseillais. Cet avantage provenait du cabotage national réservé et de notre politique protectionniste dans les Echelles et les colonies ; la proportion en tonnage était encore plus forte.

C'est seulement au XIXe siècle que la part des étrangers dans la navigation de concurrence est devenue de plus en plus considérable. En 1830, sur 11.000 navires entrés ou sortis, il n'y avait encore que 2.000 étrangers, jaugeant moins de 300.000 tonneaux, contre près de 700.000 sous pavillon français. En 1847, le tonnage sous pavillon étranger arriva accidentellement à égaler presque le pavillon national, mais avec la moitié moins de navires. En 1880, la part du pavillon français était encore de 60 % de la jauge totale. C'est depuis 1906 que les grands paquebots concurrents affectés à la navigation d'escale ont fait de plus en plus dépasser le tonnage français par le tonnage étranger. Le nombre des navires étrangers est toujours de moitié moindre que celui des français à cause des voiliers comptés parmi ces derniers, mais celui des seuls vapeurs étrangers se rapproche beaucoup de l'effectif des vapeurs français.

Toutefois, l'activité de l'armement français et spécialement marseillais n'est pas exactement mesurée ainsi, car nos compagnies ont souvent besoin, dans les moments de grand trafic, de recourir à des affrètements de vapeurs étrangers, dont la statistique ne peut être faite à part.

En ce qui concerne les principaux pavillons étrangers, en 1785 ils étaient dans l'ordre suivant : italiens, scandinaves, espagnols, anglais, hollandais. En 1830, la majorité était encore aux divers Etats d'Italie, puis venait l'Espagne, ensuite les Américains, les Anglais et les Autrichiens. En 1870, les Italiens se trouvaient toujours en tête, mais les Anglais arrivaient déjà au second rang, suivis des Grecs, des Autrichiens et des Espagnols ; les Américains et les Scandinaves avaient réduit leur fréquentation. L'époque contemporaine a vu les progrès extraordinaires du pavillon allemand, la croissance du pavillon japonais, la reprise du pavillon hollandais. Il y a d'ailleurs des fluctuations parfois considérables d'une année à l'autre.

*
* *

Le maximum d'activité du port de Marseille a été atteint en 1913 et, sans la grave crise de la guerre, on pouvait espérer que sa prospérité continuerait à grandir. Les résultats essentiels de cet exercice méritent donc d'être analysés ci-dessous, d'après les relevés du Service du Port.

Les statistiques ne comprennent pas les bâtiments de guerre, les yachts, les remorqueurs et les bateaux navigant dans le golfe, ni les navires en relâche. Il faut également noter que l'évaluation de la jauge nette des navires par la douane a subi des réductions successives.

Mouvement général de la navigation en 1913
Entrées et sorties réunies

	Nombre de navires	Tonneaux de jauge nette
Vapeurs français	6.947	9.001.229
Vapeurs étrangers	5.288	11.111.398
Total	12.235	20.112.622
Voiliers et chalands français	4.228	803.322
Voiliers étrangers	815	174.871
Total	5.043	978.193
Total général	17.278	21.090.820
Dont français	11.175	9.804.551
Dont étrangers	6.103	11.286.269

L'utilisation des surfaces d'eau des bassins, en 1913, a varié de deux tonneaux seulement par mètre carré pour le Port-Vieux, avec un demi-million de tonneaux entrés et sortis, à 27 tonneaux par mètre carré dans les bassins des Docks. Ces derniers ont fait face à un mouvement de plus de quatre millions de tonneaux, de même que le bassin de la Joliette, dont la surface est toutefois plus étendue ; la part du grand bassin National s'est élevée à six millions et demi de tonneaux.

La navigation à voiles comprend les chalands de mer remorqués et représente seulement 4 1/2 % du tonnage total. Le cabotage français (y compris les relations avec l'Algérie qui en absorbent la moitié) est réservé au pavillon national : il compte ci-dessus pour

8.633 navires et 5.009.000 tonneaux, dont 4.422 vapeurs jaugeant 4.213.000 tonneaux. C'est surtout la part de ce cabotage afférente aux côtes françaises de la Méditerranée, englobant les chalands remorqués et la liaison au Rhône, qui entretient un tonnage de navigation à voiles encore égal à celui d'il y a un siècle pour l'ensemble des relations extérieures du port.

La répartition du tonnage suivant le genre de navigation, entrées et sorties réunies, indique 24 % pour le cabotage français ; 24 %, soit 5 millions, pour le long cours (dont 8 % sous pavillon français), et 52 %, soit 11 millions, pour le cabotage international (dont 15 % sous pavillon français). La navigation postale subventionnée figure pour 31 %, soit près d'un tiers, dans le tonnage du pavillon français. Le tonnage des navires sur lest correspond à 9 % de l'ensemble et porte sur 2.500 navires (dont 1.500 voiliers ou chalands, la plupart français), principalement à la sortie.

Une part prépondérante revient donc aux marines étrangères dans le mouvement du port de Marseille ; la répartition s'opère comme suit :

Principaux pavillons étrangers en 1913
(Entrées et sorties réunies).

	Tonneaux de jauge nette
Anglais (3.080.000 en 1900)....	5.067.776
Allemand (171.000 en 1900)....	1.443.093
Italien	842.557
Espagnol	825.581
Grec	782.604
Hollandais	665.497
Austro-Hongrois	609.582
Japonais	510.637

Norvégien	167.791
Danois	129.115
Suédois	109.756
Russe	97.350

Un autre élément géographique du mouvement du port est celui de la répartition du tonnage de la navigation entre les divers pays fréquentés. Entrées et sorties réunies, en 1913, c'est l'Angleterre qui arrive en tête, avec plus de 3 millions de tonneaux, suivie de l'Algérie, avec 2.700.000, puis des Indes Britanniques, avec plus d'un million ; ensuite, vient l'Espagne, avec près d'un million ; l'Italie, 830.000 tonneaux ; la Turquie et son Archipel, 730.000 ; la Russie (Mer Noire), 710.000 ; le Japon, 670.000 ; le Maroc, 573.000 ; les Etats-Unis, 563.000 ; la Tunisie, 520.000 tonneaux. En 1880, l'ordre des principaux pays était : Algérie, Italie, Russie, Espagne, Turquie, Angleterre. Toutefois, ces relevés ne sauraient donner une idée exacte des véritables relations maritimes de Marseille, en raison du fait que la Douane note comme provenance ou destination d'un navire le port le plus éloigné de son voyage et ne tient pas compte des escales ; par contre, un navire français provenant d'un port étranger, mais ayant touché en dernier lieu un port français, est compris dans le cabotage à son arrivée à Marseille. On voit comment de nombreux pays reliés à Marseille par des services d'escale — tels que l'Egypte — ne figurent pas dans cette statistique.

Le port de Marseille est, en 1913, la tête de ligne de nombreux services maritimes réguliers, qui le mettent en relations avec tous les pays du monde. Vingt-six compagnies de navigation françaises, dont dix-sept de Marseille (les principales étant subventionnées comme postales), et trente-deux compagnies étrangères se partagent ce mouvement très étendu, qui représente environ 80 lignes régulières de navigation, dont une cinquantaine françaises. La première de nos Compagnies,

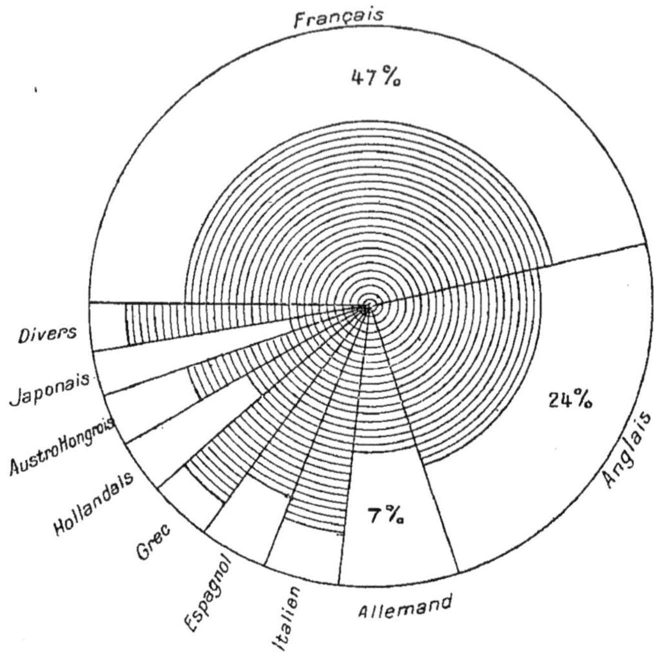

Fig. 9. — Répartition par pavillons du tonnage de jauge (21.090.000 tonneaux) et du tonnage de marchandises (8.939.000 tonnes), en 1913. La surface ombrée représente les marchandises. Le pourcentage s'applique au seul tonnage de jauge.

les Messageries Maritimes, relie Marseille à l'Orient, à la Mer Noire, à l'Asie Méridionale, à l'Extrême-Orient, à l'Afrique Orientale, à l'Australie, aussi à la France du Nord et à Londres. La Compagnie Transatlantique, la Compagnie Mixte, la Société de Transports Maritimes, la Compagnie Paquet, desservent notre Afrique du

Nord. La Compagnie Fraissinet, outre la Corse, fréquente l'Orient et l'Afrique Occidentale. La Compagnie Cyprien Fabre a des services sur les Etats-Unis et l'Ouest Africain ; la Société de Transports Maritimes sur l'Amérique du Sud et l'Ouest Africain ; la Compagnie Paquet sur la Mer Noire. En dehors du cabotage national, des compagnies françaises n'ayant pas leur siège à Marseille y exploitent des lignes sur la Belgique (Société Navale de l'Ouest), sur l'Indo-Chine (Chargeurs Réunis), sur l'Afrique Orientale (Compagnie Havraise Péninsulaire).

La principale compagnie étrangère est la Peninsular and Oriental C°, chargée du service postal britannique avec les Indes, l'Extrême-Orient et l'Australie. D'autres compagnies anglaises ont des lignes sur le Royaume-Uni, les Indes et l'Amérique. Enfin, il existe des services réguliers de compagnies allemandes (Norddeutscher Lloyd, Deutsche Ost Afrika Linie, Continentale Rhederei A. G., disparues avec la guerre), espagnoles, italiennes, scandinaves, hollandaises, même hongroise et japonaise. En outre, des escales et des services spéciaux français et étrangers rattachent à Marseille les pays voisins.

*
* *

Au milieu d'une telle activité, le mouvement des passagers est devenu très considérable dans le port de Marseille, dont la zone d'influence à ce point de vue est immense. Le nombre des voyageurs civils ou militaires, arrivés ou partis par mer, est monté de 100.000 en 1863, à 260.000 en 1882 et à 566.000 en 1913, bien plus encore avec la guerre. Sur ce dernier total, il y a eu 70.000 militaires transportés par des navires français, et seulement 70.000 passagers embarqués ou débarqués sous pavillon étranger, dont 28.500 anglais. Mais ce relevé du Service du Port se voit dépassé par la statistique des Douanes de 23.000 passagers pour le total et de près de 40.000 pour la part des pavillons étrangers. D'après cette dernière statistique, le principal courant est celui entre Marseille et l'Afrique du Nord française, qui absorbe près de la moitié des passagers ; le second courant est entretenu avec les pays au delà du Canal de Suez, dépassant 100.000 voyageurs, dont la majorité sous pavillon anglais ; la Corse voisine compte pour 70.000, suivie des Echelles du Levant et de l'Amérique du Sud. En outre, l'armement marseillais se livre entre l'Italie et l'Amérique à des transports d'émigrants qui n'entrent pas dans ce relevé. Depuis 1896, par une mesure qui devrait être étendue, des trains spéciaux de chemin de fer relient avec Calais le quai du bassin National affecté à la Compagnie anglaise Peninsular and Oriental pour les courriers de la malle des Indes.

Il est curieux de voir en même temps quels effectifs représentent les équipages des navires ayant pris part à la navigation du port. En 1835, le total, entrées et sorties réunies, a donné 80.000 hommes ; 1847 est arrivé à 215.000, 1868 à 309.000, 1891 à 442.000, enfin 1913 à 672.000 hommes, par moitié environ français et étrangers, dont 16.000 hommes embarqués sur les voiliers.

En constatant ce perpétuel va-et-vient de navires, on peut évoquer le souvenir de mémorables naufrages dans le golfe de Marseille. Une véritable catastrophe fut l'abordage du *Liban* et de l'*Insulaire*, tous deux courriers de Corse, l'un partant et l'autre arrivant, le 6 juin 1903 après-midi, en doublant l'île Maïre : le *Liban* sombra rapidement, et près de cent personnes furent englouties ! Un autre sinistre fut la perte du vapeur *Ajaccio*, de la Compagnie Transatlantique, jeté de nuit (janvier 1900) à la côte par un violent mistral, devant le phare de la Désirade, en manœuvrant pour entrer à la Joliette ; les passagers et l'équipage purent être sauvés. Un accident de mer dont l'île de Ratonneau a été le théâtre, fut le naufrage du paquebot anglais *Nepaul*, dans la nuit du 16 au 17 septembre 1888 : ce navire se jeta en marche sur les rochers et eut son avant défoncé ; tandis qu'on opérait le sauvetage des passagers, les pilotes réussirent à échouer le *Nepaul* dans une calanque voisine, l'empêchant ainsi de couler ; il n'y eut pas de victime, et le navire put être renfloué le lendemain.

Il y a lieu maintenant de se rendre compte de l'importance du trafic en marchandises, qui est le but essentiel du mouvement de la navigation. Les variations de cette activité commerciale à Marseille ont été également considérables selon les époques, avant qu'elle soit parvenue aux énormes quantités de produits transportées durant la période contemporaine, pendant laquelle toutefois la progression du trafic a été moindre que celle du tonnage. Des chiffres d'ensemble précis manquent avant le milieu du siècle dernier, et l'on ne possède guère de renseignements anciens que sur les valeurs du commerce extérieur, étudié plus loin et auquel il faut joindre le cabotage national pour obtenir le mouvement total.

Le trafic des marchandises, avec des entrées supérieures d'environ un tiers aux sorties, était encore inférieur à un demi-million de tonnes vers 1830 et à un million vers 1840 ; il s'éleva exceptionnellement à deux millions de tonnes en 1857 ; mais il fallut attendre 1873 pour dépasser trois millions. La progression devint ensuite rapide et régulière, avec le quatrième million surpassé dès 1880, puis ensuite à raison d'un million par dix ans à deux reprises. En effet, en 1900, le mouvement du trafic excéda le sixième million, et pendant la décade suivante — malgré les grèves néfastes de 1904 — l'augmentation s'éleva même à deux millions. C'est ainsi que l'on arriva aux gros chiffres du trafic maximum ci-dessous :

Mouvement du port en marchandises en 1913

Entrées	5.886.000	tonnes
Sorties	3.961.000	—
Total	9.847.000	tonnes

Ce mouvement, qui égale celui des ports du Havre et de Bordeaux réunis, correspond presque au quart du trafic maritime général de la France et au huitième du trafic national par toutes les frontières ; il a doublé depuis 20 ans. Le tonnage des sorties comprend 909.000 tonnes de charbon et autres provisions de bord embarquées par les vapeurs en partance, sans quoi il égale 3.053.000 tonnes, soit pour l'ensemble 8.939.000 tonnes. Sur ce dernier chiffre, le pavillon étranger a transporté 4.837.000 tonnes et le pavillon français 4.102.000 tonnes ; cette prépondérance des marines concurrentes, survenue isolément en 1903, est devenue permanente depuis 1908. En 1900, les étrangers n'avaient encore que 2.589.000 tonnes à leur actif, contre 3.111.000 au nôtre. Toutefois, le pavillon français couvre les 2/3 des sorties, et il y a souvent des navires étrangers affrétés par des Compagnies françaises.

Les pavillons étrangers progressent donc bien plus que le pavillon français, et les principaux se sont partagés comme suit le trafic de l'année du maximum :

Mouvement des marchandises en 1913
(*Entrées et sorties réunies*)

PRINCIPAUX PAVILLONS ÉTRANGERS	TONNES
Anglais (1.110.000 tonnes en 1900)..	1.798.000
Grec	618.000
Italien	562.000
Espagnol	464.000
Allemand	411.000
Austro-Hongrois	348.000
Norvégien	140.000

La marine allemande, qui vient de suite après la britannique pour la jauge des navires, n'occupe ici qu'un rang modeste, du fait qu'elle entretient plutôt des services d'escales par paquebots. C'est aussi le cas des Hollandais et des Japonais. Les marines méditerranéennes et scandinaves, au contraire, ont un mouvement de cargos qui participe mieux au trafic commercial.

Le degré d'utilisation des navires ou le rapport entre le tonnage de jauge des navires chargés et celui des marchandises égale la moitié en 1913 ; il était jadis un peu supérieur. L'utilisation moyenne des quais affectés aux opérations commerciales est, en 1913, de

22 tonnes et demi par mètre carré et de 600 tonnes par mètre courant. Au bassin de la Joliette, le chiffre par mètre carré atteint le maximum de 37 tonnes et demi et montre un encombrement excessif. Les Docks ont, au total, le plus gros trafic ; vient ensuite le bassin National, chacun avec plus de deux millions de tonnes. Le Port-Vieux voit passer 389.000 tonnes, à peu près comme à la veille de la Révolution, fait qui paraîtra surprenant.

C'est la totalisation du commerce extérieur et du transit international, du cabotage et des transbordements qui donne l'ensemble du mouvement maritime des marchandises. Le chapitre suivant expose la part tout à fait prépondérante qui revient au commerce extérieur (étranger et colonies) dans le trafic du port. Quant au cabotage des côtes françaises de la Méditerranée et de l'Océan, réservé au pavillon national, il a égalé près d'un million de tonnes en 1913, par moitié environ à l'entrée et à la sortie ; le port de Saint-Louis du Rhône y occupe la première place, et celui de Dunkerque la deuxième. Ce cabotage français a doublé durant la seconde moitié du siècle dernier, puis il est resté stationnaire. La navigation dans la Méditerranée est naturellement dominante, avec nombre de voiliers et chalands.

Dans l'ensemble, le plus fort courant commercial de Marseille est entretenu, à notre époque, avec les divers pays d'Europe ; ensuite vient le gros courant avec la France et les Colonies, puis se succèdent les relations avec l'Asie, l'Amérique, l'Afrique étrangère et enfin l'Océanie.

Pour arriver finalement à une estimation du mouvement général des marchandises à Marseille, il y a lieu d'enregistrer aussi le trafic des gares de chemin de fer du port, de la ville et de la banlieue. Il s'établit comme suit en 1913, les arrivages comprenant 812.000 tonnes de charbons français :

Mouvement des gares en 1913

Arrivages	2.428.000	tonnes
Expéditions	3.135.000	—
Total	5.563.000	—

En 1895, ce mouvement ne s'élevait encore qu'à trois millions de tonnes.

D'autre part, le passage des voyageurs arrivés et partis par la grande gare Saint-Charles a progressé de 2.400.000 en 1880 à 3.370.000 en 1895, mais ce chiffre n'est monté qu'à 3.800.000 en 1913 par suite de la concurrence des tramways suburbains. Le nombre journalier des trains arrivant ou partant à la gare Saint-Charles s'éleva, durant cette dernière année, à 114 trains de voyageurs et 97 trains de marchandises.

Le mouvement général des marchandises à Marseille dans les ports et les gares peut donc être évalué, — en tenant compte du transit des produits qui, par les voies ferrées des quais, passent directement des navires aux gares ou inversement (soit deux millions et demi de tonnes), de ceux qui sont portés de navires à navires et aussi des charbons étrangers transbordés (soit un demi-million de tonnes).

Mouvement général des marchandises en 1913

	ARRIVAGES		EXPÉDITIONS	
Par mer.....	5.886.000	tonnes	3.961.000	tonnes
Par voie ferrée	2.428.000	—	3.135.000	—
	8.314.000		7.096.000	
	Ensemble....		15.410.000	tonnes.

La double déduction faite des transit et transbordement : 3.300.000 tonnes, on trouve les

Quantités manutentionnées ou consommées

Entrées en ville....	5.014.000	tonnes
Sorties de la ville..	3.796.000	—
Restées en ville....	1.218.000	—
Total....	10.028.000	tonnes

Les quinze millions et demi de tonnes de ce mouvement général des marchandises arrivées ou expédiées — dont les ports prennent deux tiers et les gares un tiers — représentent au total une augmentation d'environ un tiers depuis le début de notre siècle, autant que permet d'en juger l'approximation des statistiques. Ce sont là d'énormes éléments de vitalité.

En terminant cette esquisse du mouvement du port de Marseille, nous devons dire un mot de sa prétendue rivalité avec Gênes. Celui-ci est le premier port de l'Italie, comme Marseille est le premier port de la France, notre pays étant celui des deux états alliés qui possède la plus grande activité économique : leurs sphères d'action sont différentes, en dehors d'une faible concurrence visant la Suisse, dont il sera parlé au sujet du commerce extérieur. Le mouvement maritime et commercial de Gênes reste inférieur à celui de Marseille : entrées et sorties réunies, il a été en 1913 de 12.272 navires, jaugeant net 14.725.000 tonneaux, avec 7.828.000 tonnes de marchandises et 381.000 passagers. Le port français se trouve donc en excédent sur le port italien de près d'un tiers par sa jauge et d'un cinquième par ses marchandises. Cette dernière supériorité s'accentue si l'on considère la part prépondérante que le charbon anglais occupe dans les importations de Gênes et la faiblesse des exportations. Cependant, l'année 1909 avait vu les deux ports voisins presque à égalité pour le trafic des marchandises, facteur économique essentiel, mais Gênes a subi ensuite de la stagnation, tandis que Marseille progressait rapidement.

CHAPITRE IX

IMPORTATIONS ET EXPORTATIONS VENDEURS E ACHETEURS

Le mouvement commercial d'un grand port se compose essentiellement de son commerce extérieur : importations et exportations, effectué avec les pays étrangers et les colonies, auquel s'ajoute le cabotage national. Les éléments en sont connus par les statistiques de la Douane. Quant au commerce intérieur, il ne saurait être évalué spécialement, car l'activité locale et le mouvement extérieur se confondent dans le trafic des gares et des routes.

Les estimations font défaut pour les époques lointaines touchant la valeur et la quantité des marchandises passées par le port de Marseille ; l'importance des transactions était d'ailleurs rendue très variable par les vicissitudes politiques.

En ce qui concerne les produits échangés durant l'antiquité grecque, Massalia exportait des Gaules : des blés, des salaisons, des laines, des minerais, de l'étain, de l'argent, de l'ambre,... même des esclaves. Elle importait des vins, des huiles, des tissus, des armes, des ustensiles divers, de la poudre d'or, des objets de parure et d'art de l'Orient.

Au Moyen-Age, les croisades développèrent grandement les échanges entre Marseille et le Levant. Les exportations comprenaient de nombreux métaux : monnaies d'or et d'argent, étain, plomb, fer, ainsi que des armes et du corail ; des tissus de laine, des toiles, des peaux, du vin. Les importations se composaient de coton, de tapis, d'épices, de parfums, de gomme, d'alun, de papyrus, de teintures, d'ivoire, de pierreries et d'objets de luxe, aussi parfois de quelques esclaves sarrazins amenés par des navires étrangers. Sur le grand marché marseillais affluaient des marchands de toutes les langues. Un auteur du temps cite les négociants chrétiens et mahométans des Algarves, les Lombards, les Romains, les Egyptiens, les Syriens, les Grecs, les Français, les Catalans, les Anglais, les Pisans, les Génois, « attirés par la bonté du port, par la sécurité qu'une police vigilante y entretenait, par la probité des habitants et l'aménité de leurs mœurs ».

Au temps d'Henri IV apparaissent des estimations de la valeur du commerce maritime de Marseille, où les importations surpassent les exportations. Vers l'an 1605, à un moment prospère, on appréciait à 30 millions de livres ou francs le mouvement des marchandises avec les Echelles du Levant, qui formait d'ailleurs l'essentiel du trafic extérieur. Une évaluation annuelle du commerce maritime faite sous Louis XIII, vers 1630, ne donnait que 30 millions de livres au total, mais sans le cabotage. Il faut toutefois tenir compte que cette valeur était importante pour l'époque et qu'elle représenterait de nos jours une somme au moins cinq fois plus forte.

Si l'on manque d'estimations d'ensemble, les chiffres partiels se multiplient ensuite et permettent d'avoir une idée des proportions du trafic dans les principales directions. Les arrivages annuels de produits du Levant tombèrent à 3 millions de livres au milieu du XVIIe siècle, pour remonter à 10 millions à la fin. Puis en 1714 et en 1753, ils atteignirent exceptionnellement 23 millions et 21 millions. En 1759, on redescendit à 6 millions, pour arriver dix ans plus tard à 25 millions d'importations, avec 20 millions d'exportations. Quand éclata la Révolution, vers 1789, on était à 33 millions d'importations et 15 d'exportations pour les Echelles. A cette époque, de même qu'aux siècles précédents, les principaux produits importés étaient les cotons, les laines, les soies, les cuirs, les cires, les cafés, les huiles, les blés, les drogueries diverses. Les exportations comprenaient les draps, les bonnets et chapeaux, la mercerie, la quincaillerie, le papier ; puis au XVIIIe siècle : le café, le sucre, les colorants, les épices.

Le commerce avec les Etats d'Italie était de son côté considérable . Avec Naples et la Sicile, le chiffre fut de 10 millions de livres vers 1760 et s'éleva ensuite à une moyenne de 16 jusqu'à la Révolution. Avec Gênes, les échanges atteignirent une moyenne annuelle de 10 millions de 1765 à 1772. Avec le royaume de Sardaigne, le chiffre était à la même époque d'environ 6 millions. Les Marseillais importaient d'Italie des grains, des huiles, des laines, des soieries, de la soude, du soufre, des peaux ; ils exportaient des denrées coloniales et des objets manufacturés.

Du côté de l'Espagne, les variations du commerce de Marseille le firent monter à 28 millions de livres en 1743, même à 45 millions en 1750 et en 1771, avec des chutes à 12 millions vers 1745 et à 15 vers 1760. On vendait des chapeaux, des draps et toiles, du sucre, du blé, de la quincaillerie ; on achetait de la cochenille, du vermillon, des épices, des laines et divers produits de l'Amérique du Sud.

Lorsque les relations avec les Antilles arrivèrent à un grand développement, les navires marseillais y portèrent en dix ans, de 1735 à 1744, pour 24 millions de livres de vins, savons, comestibles et produits manufacturés, sans compter la traite des nègres ; ils rapportèrent pour 66 millions de sucre, café, bois, indigo, tabac, cacao et autres denrées coloniales. L'essor de ce commerce fut tel, malgré diverses éclipses, que sa valeur atteignit 15 millions vers 1750 et 40 millions en 1773, dont 28 d'importations et 12 d'exportations.

Dans le nord de l'Europe, c'est avec la Hollande que le commerce de Marseille était le plus actif au XVIIIe siècle ; il égalait 10 millions de livres en 1772. Nos importations étaient du poisson salé ou fumé, des métaux, des grains, des épices ; nos exportations, des savons, des huiles, des vins, des fruits secs.

Avec la Barbarie, la valeur du trafic était rendue faible par l'insécurité ; d'un demi-million de livres par an au milieu du XVIIIe siècle, elle monta à 1.700.000 vers 1768 et à 5 millions vers 1789. Les importations comprenaient des céréales, des dattes, des raisins secs, de l'huile, du poisson salé, des plumes d'autruches, du corail, de l'ivoire, des cuirs, des étoffes, des chevaux. Les exportations se composaient de produits d'Orient, de vins, de draps et d'armes.

Au total, grâce à l'essor maritime qui se produisit au XVIIIe siècle, le commerce extérieur de Marseille monta en 1746 à 75 milions de livres, dont une importation de 34 millions et une exportation de 41 millions. En 1776, le total s'éleva même à 172 millions : 104 à l'entrée et 68 à la sortie.

Au début de la Révolution, la situation de Marseille était assez prospère et son activité économique profitait à la basse Provence, mais l'armature de l'ancien régime et les exigences du fisc étaient devenues insupportables au monde du travail. Malgré la situation troublée, les besoins d'approvisionnement maintinrent la vie commerciale du port jusqu'à l'entrée en guerre avec l'Angleterre. La statistique suivante du commerce extérieur de Marseille pour les dix années de 1783 à 1792 en donne une idée précise :

Valeur moyenne des importations et exportations de 1783 *à* 1792 (en livres)

	IMPORTATIONS	EXPORTATIONS	TOTAL
Levant	33.010 000	22.260 000	55.270.000
Amérique, St-Domingue	11.853.000	8.835.000	20.688.000
Italie	11.320.000	7.360.000	18.680.000
Martinique, Cayenne	8.747.000	7.565 000	16 312.000
Espagne	3.530.000	6.290.000	9.820.000
Barbarie	4 670.000	3.420.000	8.090.000
Nord de l'Europe	1.150.000	1 350.000	2.500.000
Indes	Retour à Lorient	3.000.000	3.000.000
Terre-Neuve (morues)	4.000.000	»	4.000.000
	78.280.000	68.080.000	136 360.000

L'Europe ne figure dans ce total que pour 16 millions d'importations et 15 millions d'exportations ; c'était donc l'activité lointaine de Marseille qui avait le plus de valeur dans son commerce. Il convient en outre d'observer que les chiffres ci-dessus ont été reconnus incomplets et inférieurs à la réalité, qui devait approcher de 200 millions de livres, soit le cinquième du commerce général de la France par toutes ses frontières. Pour avoir le montant total du commerce maritime du port, il faudrait de plus connaître la valeur assez notable de son cabotage national.

Après la crise de la Révolution et de l'Empire, le retour d'activité de la Restauration fit dépasser, à partir de 1826, avec 208 millions de francs, la valeur du commerce extérieur atteinte à Marseille au siècle précédent. La moyenne de 1826 à 1830 s'éleva à 232 millions, dont 137 à l'import et 95 à l'export, soit en ajoutant 60 millions de cabotage : 292 millions de francs pour l'ensemble du commerce maritime de Marseille. En dépit de cette progression, la physionomie des relations extérieures du port se trouvait peu modifiée depuis le temps où s'ouvrit la Révolution. La navigation méditerranéenne restait tout à fait prépondérante, suivie de celle avec l'Amérique ; mais un fait caractéristique était la décadence relative du traditionnel commerce du Levant, en partie compensée par l'extension des rapports avec la Mer Noire. La statistique de 1832 donne la répartition suivante :

Commerce général en 1832 (Import et Export)

	Millions de tonnes	Millions de francs
Pays Méditerranéens......	238	211
Océan Atlantique.........	72	46
Europe du Nord..........	46	28
Océan Indien.............	12	9
	368	294

En 1839, nous trouvons 219 millions de francs d'import et 198 millions d'export, soit 417 au total, pour le commerce général extérieur de Marseille, non compris le numéraire qui représente environ 20 millions. Le commerce spécial (c'est-à-dire les marchandises étrangères importées pour la consommation et les marchandises françaises ou francisées exportées) est de 135 et 108 millions, faisant ensemble 243 millions de francs. C'est toujours le cinquième du commerce extérieur de la France entière. Avec le cabotage, nous approchons donc du demi-milliard pour la valeur du commerce total du port. Les principaux produits traités par le négoce marseillais sont à signaler :

Principales importations en 1839 (Millions de francs)

Froment (grains)	32
Huile d'olive	24
Soies	20
Sucre brut	20
Cotons en laine	11
Peaux brutes	7
Laines en masse	7
Café	5
Tabac	4
Plomb brut	3

Principales exportations

Soies et étoffes de soie	15
Sucre brut ou raffiné	15
Froment (grains)	14
Toiles de coton	13
Draps de laine	11

Tissus de chanvre ou lin......	9
Garance moulue..............	8
Peaux ouvrées et tannées......	6
Vins	5
Huile d'olive	5

A partir du milieu du XIXe siècle, la rapidité du développement économique mondial, aidée par la navigation à vapeur et les chemins de fer, a entraîné partout de profonds changements. Marseille a vu se produire entr'autres une importante modification du caractère de son activité : celle-ci était surtout absorbée auparavant par la fonction séculaire et organisée d'entrepôt du commerce maritime qui, particulièrement, fit si longtemps de ce port le point de distribution des marchandises entre le Levant et l'Europe occidentale, et vice-versa. Les ports et pavillons rivaux, les relations directes, la baisse des frets ont réduit dans son mouvement commercial la part proportionnelle de cet ancien grand rôle de Marseille, qui a vu se détourner certains courants. Par contre, l'esprit d'entreprise de ses hommes d'affaires a largement développé sa fonction industrielle, tant pour les besoins nationaux qu'étrangers et pour notre expansion coloniale. En outre, la politique économique libérale du second Empire facilita grandement une prospérité nouvelle. De plus, le percement de l'isthme de Suez — en ouvrant à la Méditerranée la route de l'Asie du sud et de l'est, de l'Afrique orientale et de l'Australie — donna à Marseille d'immenses avantages, auprès desquels le dommage que lui avait jadis causé la découverte de la route des Indes par le Cap, paraît insignifiant : déjà porte de l'Orient, Marseille est devenue aussi, en dépit des concurrences étrangères, la porte d'un Extrême-Orient plus vaste et plus riche.

Lorsque la troisième République, après la guerre de 1870-71, est rentrée dans la voie du protectionisme, surtout avec les tarifs douaniers de 1892, Marseille ne s'est pas contentée de protester contre ce régime rétrograde, aggravé par le préjudice que lui portaient les nouveaux tunnels des Alpes en améliorant les communications de l'Europe centrale avec l'Italie. Etendant son outillage maritime, elle s'est vaillamment adaptée aux conditions nouvelles et s'est attachée, pour développer ses relations extérieures, à poursuivre son extension industrielle et à s'appuyer sur notre empire colonial. Le premier port de France a largement participé aux progrès économiques nationaux, devenant notamment le principal centre d'échanges entre la métropole et nos terres d'outre-mer, tout en restant une place de transit avec l'étranger.

C'est ainsi que le commerce extérieur de Marseille a pris son grand développement contemporain. Après les deux poussées d'activité de 1847 et de 1856, qui portèrent exceptionnellement au milliard de francs la valeur des transactions, ce chiffre se trouva normalement dépassé à partir de 1860 : import, 698.000 tonnes, valant 592 millions ; export, 462.000 tonnes, valant 538 millions, soit un total de 1.160 millions de tonnes et de 1.130 millions de francs. C'est environ le triple des deux évaluations de 1832.

Il fallut ensuite attendre 1880 pour dépasser le deuxième milliard de francs, mais avec un mouvement de marchandises presque triple du précédent, ce qui prouve une diminution du prix moyen des produits, phénomène alors général. Depuis 1860, l'import avait plus que triplé en poids, mais seulement doublé en valeur, tandis que l'export n'avait que doublé en poids et augmenté d'un tiers en valeur. Du fait de la stagnation qui se produisit ensuite, le commerce extérieur ne surpassait encore que modestement deux milliards de francs en 1900, mais le poids des marchandises était monté de 3.300.000 tonnes à plus de 5 millions.

***

Enfin, grâce à l'élan des affaires, nous trouvons au maximum, en 1913, une augmentation très considérable, import et export ayant parallèlement progressé depuis le début du siècle. Le commerce extérieur a été porté de 5 millions de tonnes à plus de 8, et sa valeur a réussi à presque doubler, démontrant une élévation du prix moyen des produits. C'est un essor remarquable : la valeur du commerce extérieur de Marseille a exactement décuplé depuis 1839. Voici d'ailleurs les chiffres détaillés, numéraire compris :

Commerce général extérieur

	IMPORTATIONS		EXPORTATIONS		TOTAUX	
	Milliers de tonnes	Millions de francs	Milliers de tonnes	Millions de francs		
1900.....	3.003	1.207	2.072	1 096	5.075	2.303
1910.....	4.239	1.766	2.575	1.554	6.814	3.320
1913.....	5.002	2.136	3.166	2.035	8.168	4.171

Sur le total du commerce général extérieur de 1913, le commerce spécial (marchandises étrangères à consommer et marchandises françaises sorties) a comporté 3.553.000 tonnes, valant 1.377 millions à l'import, et 1.832.000 tonnes, valant 1.276 millions à l'export, soit ensemble 5.385.000 tonnes et 2.653 millions de francs. Au commerce général, la valeur moyenne de la tonne de marchandises surpasse 500 francs, celle des produits souvent manufacturés de l'export étant supérieure de 1/3 à celle des matières premières de l'import. L'infériorité des quantités sorties sur les entrées démontre la nécessité de développer davantage nos ventes à l'extérieur, mais les valeurs totales des imports et des exports arrivent à s'équilibrer. Dans l'ensemble en poids, la voie de terre n'a été empruntée que par 91.000 tonnes.

Le commerce général extérieur de Marseille en 1913 correspondait en valeur à plus du cinquième de celui de la France par toutes ses frontières, et ses recettes douanières (85 millions et demi) équivalaient à plus du dixième de celles de la France entière. Ce commerce représentait à lui seul la valeur du commerce extérieur de la Suisse, et même d'un grand pays, tel que l'Australie ; celui de l'Espagne égalait moins de deux milliards et demi.

Poids des principales importations en 1913

(Milliers de tonnes)

Matières minérales (charbons d'Angleterre, d'Allemagne, des Etats-Unis, etc., 2.089)..	2.203
Farineux alimentaires (céréales de Russie, Argentine, Indes, Algérie, etc.).............	1.369
Fruits et graines oléagineuses (des Indes, de l'Afrique Occidentale, etc.)...............	704
Denrées coloniales.........................	136

Produits et dépouilles d'animaux (laines, peaux)	135
Bois communs et exotiques	128
Métaux	106
Boissons (vins, etc.)	97
Produits végétaux et déchets divers	78
Fruits, tiges et filaments à ouvrer	69
Huiles et sucs végétaux	47
Produits chimiques	40
Têtes de bétail (moutons d'Algérie, etc.). (En 1903 : 1.642.000 têtes).	1.306.000

Principales exportations

Matières minérales (charbons pour la marine, 780 ; matériaux de construction, 535 ; terres, pierres)	1.402
Farineux alimentaires (pour la Turquie, l'Egypte, la Suisse, etc.)	382
Produits végétaux et déchets divers	197
Métaux	170
Denrées coloniales	150
Fruits et graines oléagineuses	109
Produits chimiques	98
Poterie, verrerie	71
Huiles et sucs végétaux	63
Boissons	56
Produits et dépouilles d'animaux	44
Couleurs	36
Fruits, tiges et filaments à ouvrer	35
Bijouterie, horlogerie et ouvrages en métaux	34
Savons	32

Valeur des principales importations en 1913

(Millions de francs)

Soie et bourre de soie	278
Graines et fruits oléagineux	270
Céréales (grains et farines)	227
Laines et déchets de laine	113
Peaux et pelleteries brutes	84
Coton en laine et déchets de coton	63
Café	55
Tissus de coton	54
Fruits de table	53
Pommes de terre, légumes secs et leurs farines	50
Houille	43
Bestiaux	41
Huiles végétales fixes	37
Vins (y compris les mistelles)	27
Tissus de laine	22
Sucres bruts et raffinés	22
Eponges	21
Tabacs	21
Etain	20
Viennent ensuite : machines et mécaniques, liège ouvré, bois communs et exotiques, produits chimiques, préparations sucrées, thé, riz, ce dernier avec 15 millions.	
Or, argent et billon	115
Colis postaux	29

Principales exportations

Tissus de coton	143
Tissus de soie ou de bourre de soie	101
Céréales (farines et grains)	58

Produits chimiques.	56
Lingerie, vêtements et articles confectionnés..	53
Huiles végétales fixes.	50
Tissus de laine.	49
Peaux préparées.	45
Carrosserie, Automobiles.	44
Peaux et pelleteries brutes.	39
Sucres raffinés ou bruts.	39
Café	38
Graines et fruits oléagineux.	36
Machines et mécaniques.	35
Outils et ouvrages en métaux.	34
Soie et bourre de soie.	33
Coton en laine et déchets de coton.	33
Papier et ses applications.	33
Vins (y compris les mistelles).	32
Fruits de table.	28
Teintures et couleurs.	28
Tabletterie, éventails, brosserie.	27
Ouvrages en caoutchouc et gutta-percha.	26
Tourteaux et drèches.	24
Graisses végétales alimentaires.	23
Gruaux	22
Parfumerie	21
Préparations sucrées.	20
Horlogerie et bijouterie.	20
Sparterie, vannerie, jute.	20
Viennent ensuite : poteries-verres-cristaux, liège ouvré, houille, éponges, pommes de terre et légumes secs, savons, ce dernier article avec 18 millions.	
Or, argent et billon.	142
Colis postaux.	215

Il y a naturellement, suivant les années, des variations notables dans les articles importés ou exportés. En ce qui concerne les céréales (essentiellement du blé), quoique le déficit de la récolte nationale joue un grand rôle, le tonnage actuel est environ le double de

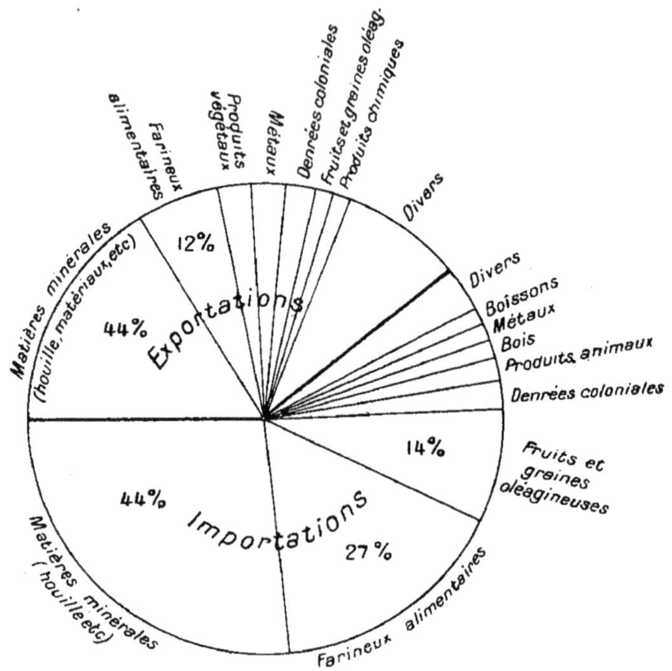

Fig. 10. — Commerce extérieur (en poids), 1913

celui qui était importé vers 1880 et même au début de notre siècle. L'entrée des graines oléagineuses (arachides, coprahs, sésames, ricins, coton, lin, etc...) ne s'élevait qu'à 110.000 tonnes en 1860 et a doublé depuis les années 1885-1900. Le bétail ne peut être importé que depuis 1862, et l'Algérie surtout fournit un nombre croissant de moutons sur pied pour la boucherie ; le chiffre de têtes a doublé depuis 1885.

Pour les céréales, les corps gras et le bétail, Marseille est ainsi le premier marché de France. Les charbons, dont l'importation a doublé depuis 1900, servent à l'approvisionnement des vapeurs et à l'industrie régionale ; ils viennent généralement d'Angleterre, et leur tonnage de cette origine a décuplé depuis 1880. La grosse exportation des matériaux de construction a plus que doublé en tonnage depuis 1885. Jadis, il entrait des quantités de minerais de fer d'Algérie, d'Italie et d'Espagne ; en 1874, on atteignit 450.000 tonnes, mais la transformation des industries métallurgiques a fait disparaître cette importation. Quant aux soies arrivées, elles ne font que transiter sur Lyon, et la plupart des laines vont en Alsace. Au sujet des exportations, on trouvera d'autres renseignements dans le chapitre consacré à l'industrie.

Il reste à examiner quels ont été, en 1913, les principaux pays étrangers avec lesquels le port de Marseille a entretenu son commerce extérieur, au point de vue des quantités de marchandises, un chapitre spécial étant consacré aux relations coloniales.

Pour les *importations*, l'Angleterre tient de beaucoup la tête, avec 1.857.000 tonnes, soit une augmentation exceptionnelle de près de 700.000 tonnes sur l'exercice précédent ; il s'agit presque entièrement de houille, après quoi l'on trouve 14.000 tonnes de goudron minéral.

La Russie occupe la deuxième place dans nos vendeurs, avec 568.000 tonnes, dont 467.000 de blés et autres céréales (non compris 119.000 tonnes en transit international direct) ; suivent 30.000 tonnes de bois et 24.000 tonnes de légumes secs.

Les Indes britanniques sont mises au troisième rang

par 463.000 tonnes, dont 248.000 de graines et fruits oléagineux (surtout des arachides), 95.000 de blés et 34.000 de pois pointus.

La République Argentine monte brusquement de la dixième à la quatrième place, ayant plus que doublé

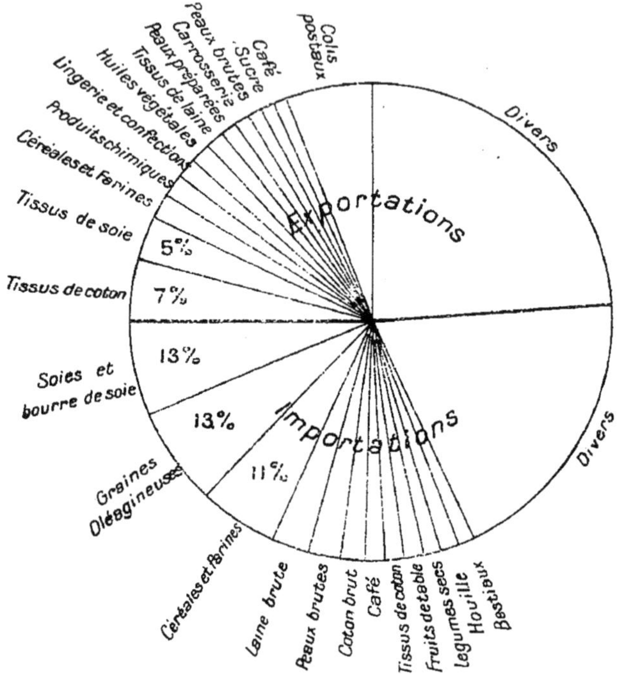

Fig. 11. — Commerce extérieur (en valeur), 1913.

ses importations de 1912, avec 237.000 tonnes, presque toutes de céréales (non compris 43.000 tonnes en transit international direct).

L'Allemagne vient ensuite, avec 223.000 tonnes, soit une diminution de plus de 100.000 sur l'année précédente ; ce fléchissement provient de la réduction des arrivages de charbon, principal produit envoyé d'outre-Rhin.

Les Etats-Unis figurent pour 212.000 tonnes (en 1909 : 283.000 tonnes), dont 89.000 de froment, 25.000 d'huiles et essences de pétrole, 20.000 d'huiles minérales lourdes, 18.000 de bois et autant de houille.

La Roumanie importe 131.000 tonnes, dont 77.000 de céréales et 37.000 de haricots ou autres légumes secs.

L'Italie, en légère diminution sur 1912, vend 106.000 tonnes, dont 33.000 de soufre brut, 8.000 de marbres et autant de fruits.

La Turquie descend à 100.000 tonnes, soit un tiers de moins qu'en 1912 à cause de la guerre en Orient ; les arrivages de céréales sont interrompus, mais il y a 28.000 tonnes de légumes secs, 14.000 de fruits et graines et 9.000 d'œufs.

L'Espagne subit aussi, par rapport à 1912, une réduction d'un quart dans ses ventes, qui égalent 98.000 tonnes, dont 30.000 de plomb et pyrites, 22.000 de vins et 20.000 de fruits.

Viennent ensuite : la Chine, 61.000 tonnes, avec surtout des graines oléagineuses et des soies ; les Indes Néerlandaises, 57.000 tonnes, et les Iles Philippines, 40.000 tonnes, avec des coprahs ; l'Egypte, 38.000 tonnes, avec du coton ; l'Afrique Occidentale Britannique, 38.000 tonnes, avec des arachides ; l'Autriche-Hongrie, 27.000 tonnes, avec des bois ; le Brésil, 26.000 tonnes, avec du café ; la Suisse, 20.000 tonnes, avec du lait conservé ; la Grèce, avec des plombs et pyrites ; le Japon, avec des soies et du cuivre ; la Bulgarie avec des céréales.

Dans les *exportations* de Marseille, l'Espagne occupe

la première place par 205.000 tonnes d'achats, dont 54.000 de graines oléagineuses, 37.000 de matériaux de construction, 17.000 de farines et semoules.

La Turquie est au deuxième rang, avec 180.000 tonnes, dont 62.000 de matériaux de construction, 33.000 de farines et semoules, et 14.000 de fourrages pour les besoins de la guerre.

L'Italie suit, en augmentation sur 1912 comme les deux pays précédents, avec 175.000 tonnes, dont 26.000 de produits chimiques, 21.000 de fourrages, 20.000 de farines et semoules, 20.000 de ferraille de fer, 19.000 d'orge et d'avoine.

L'Angleterre achète 143.000 tonnes, dont 37.000 de minerai d'aluminium, 10.000 de minerai de fer et 10.000 de graisses végétales comestibles.

L'Egypte, qui se trouvait en tête de nos clients en 1908, n'est plus qu'au cinquième rang, ayant diminué de près de moitié ses acquisitions, lesquelles égalent 99.000 tonnes, dont 36.000 de farines, 17.000 de matériaux de construction et 9.000 de bois.

Les Etats-Unis figurent pour 87.000 tonnes, dont 12.000 de minerai d'aluminium, 12.000 de couleurs, 10.000 de produits chimiques et 9.000 de matériaux de construction.

L'Allemagne reçoit de Marseille 72.000 tonnes, chiffre moindre de moitié que celui de 1910 ; l'article essentiel de cette exportation, les tourteaux, représente 57.000 tonnes.

La République Argentine compte pour 66.000 tonnes, dont 22.000 de ciment, 11.000 de poteries et céramiques, 28.000 hectolitres d'apéritifs et liqueurs.

La Russie achète 59.000 tonnes, dont 15.000 de tuiles et 11.000 de graines oléagineuses.

La Suède est notre cliente pour 52.000 tonnes de tourteaux, sur un total de 59.000.

Le Brésil est acquéreur de 53.000 tonnes, dont 43.000 de tuiles.

La Suisse perd deux rangs sur l'exercice antérieur, avec 47.000 tonnes, dont 20.000 de farines et 16.000 de semoules ou gruaux. Il passe en outre par Marseille pour la Suisse une certaine quantité de céréales en transit international direct.

Viennent ensuite : les Pays-Bas, pour 43.000 tonnes, dont 37.000 de minerai d'aluminium ; la Grèce, pour 37.000 tonnes, dont 13.000 de farines pour approvisionnements de guerre ; les Indes anglaises, pour 23.000 tonnes, dont 7.000 de tuiles ; le Danemark, pour 16.000 tonnes de tourteaux ; enfin, pour des produits divers : la Roumanie, 13.000 tonnes ; l'Autriche-Hongrie et la Chine, 12.000 tonnes ; la Bulgaric ct le Japon, 11.000 tonnes.

En l'absence de la zone franche qu'il réclame, le commerce marseillais est facilité au point de vue douanier par le « régime des entrepôts », créé en 1817 et modifié depuis plusieurs fois. Une partie des Docks y est notamment affectée. Il est sorti des entrepôts de douane en 1913, pour la réexportation, 750.000 tonnes de marchandises et le stock restant était de 200.000 tonnes en fin d'année. Les principaux produits étaient : la houille, les bois, les céréales, les légumes secs, les denrées coloniales et les sucres. En outre, il a été importé en bénéficiant de l'admission temporaire : 484.000 tonnes de blé, 20.000 tonnes de plomb ou autres métaux et 20.000 tonnes de produits divers ; on a exporté par contre l'équivalent de 210.000 tonnes de blé en farines et de 80.000 tonnes de blé en semoules, ainsi que 35.000 tonnes de produits divers, soit un mouvement de 850.000 tonnes. Une partie des produits a été réexportée par d'autres douanes que celle de Marseille, spécialement l'équivalent de 75.000 tonnes de blé en farines et semoules pour la Suisse. Au total, les entrées dans les entrepôts de douane se sont élevées à 1.700.000 tonnes, contre seulement 700.000 en 1900 ; les valeurs respectives ont été de 284 et de 148 millions de francs.

La part du transit international direct dans le mouvement commercial du port de Marseille n'est pas très considérable, comme on le croît généralement ; ce trafic n'entre point d'ailleurs dans les chiffres du commerce extérieur. Composé principalement de céréales à destination de la Suisse, ce transit était inférieur à 100.000 tonnes en 1880. En 1906, il s'éleva à l'entrée à 325.000 tonnes, mais il n'était que de 216.000 en 1913. Cette dernière année a eu 25.000 tonnes à la sortie et ce faible chiffre est le plus fort constaté jusque là. C'est pour ce modeste transit avec la Suisse que Marseille et Gênes se trouvent spécialement en concurrence, mais en réalité ce sont les ports du Nord, Anvers et Rotterdam, qui rivalisent avec Marseille et Gênes vers l'Europe Centrale.

La valeur du transit international direct, de même que celle du cabotage seraient à ajouter aux évaluations du trafic extérieur de Marseille si l'on voulait obtenir une estimation globale, mais ces valeurs ne sont pas fixées.

Quant au trafic des marchandises par le cabotage des côtes françaises, sur les 835.000 tonnes d'entrées et de sorties de 1913, sans compter 100.000 tonnes de mutations d'entrepôts, les principaux articles ont été à l'entrée : les matériaux de construction, pour 83.000 tonnes ; les sucres bruts, 79.000 tonnes ; les soudes et carbonates de soude, 78.000 tonnes ; les vins, 35.000 tonnes ; les bois, 24.000 tonnes ; les fontes, fers et aciers, 18.000 tonnes. A la sortie, se trouvaient : le blé-froment, pour 72.000 tonnes ; la houille et le coke, 42.000 tonnes ; le savon, 32.000 tonnes ; les matériaux de construction, 29.000 tonnes ; les céréales diverses, 28.000 tonnes ;les huiles végétales, ainsi que les métaux, pour 13.000 tonnes. Ce cabotage bénéficie de l'infériorité des frets maritimes sur les tarifs de chemins de fer, même entre Marseille et nos ports du Nord.

CHAPITRE X

L'INDUSTRIE MARSEILLAISE

La vie industrielle de Marseille remonte à l'antiquité, mais naturellement dans les proportions modestes de l'activité économique des époques lointaines. Pline citait déjà le savon, les ornements de corail, les cuirs préparés comme des produits marseillais réputés. La construction des navires fut aussi une spécialité ancienne du port. Même deux grands éléments de l'industrie agricole, la vigne et l'olivier, ont été introduits par Massalia dans les Gaules.

Au Moyen-Age, il existait à Marseille des savonneries, des tanneries, des manufactures d'armes, des ateliers d'orfévrerie, des fabriques de draps de laine et de toiles de coton, de bonnets, de papier, de briques, etc. Tous les corps de métiers étaient organisés en corporations. Ces industries, qui aidaient au commerce, connurent des fortunes diverses, selon les événements politiques et les conditions économiques.

Le rétablissement de la franchise du port par Colbert, en 1669, donna de l'essor aux industries existantes et en fit créer de nouvelles. Certaines, qui ont disparu ensuite, méritent d'être mentionnées. C'est ainsi que le développement des manufactures de chapeaux, surtout pour l'exportation, leur faisait occuper 6.000 personnes en 1707. Une Compagnie de la Méditerranée installa, à la fin du XVIIe siècle, d'importantes manufactures d'étoffes de soie, d'or et d'argent, encore inconnues en France et de bonne vente en Orient : 2.000 personnes y furent un moment employées, mais cette industrie n'a pu se maintenir. Quant à la réputation des belles faïences émaillées de Marseille, elle date du XVIIIe siècle.

Lorsque se produisit la Révolution française, Marseille était donc déjà une cité industrielle d'une activité en proportion de sa population et de son mouvement maritime. On y comptait 65 fabriques de savon (occupant un millier d'ouvriers), 60 fabriques de chapeaux (où travaillaient 800 hommes et 400 femmes), 35 fabriques d'amidon, 20 de liqueurs, 20 de bas de soie et autres, 20 tanneries, 14 raffineries de sucre, 13 fabriques de bougies ou de chandelles, 12 d'indiennes peintes, 12 de voiles, 11 verreries, 10 fabriques de faïence, 8 de bonnets de laine rouges, des cordonneries, des teintureries, des manufactures de draps, de gants, de bijoux, de papier, de soufre ; la sparterie et la poterie occupaient beaucoup de pauvres gens. Toutefois, le nombre des établissements n'implique rien en ce qui concerne leur importance relative. Cette production alimentait à la fois le pays et l'exportation.

Son commerce extérieur étant ruiné par les guerres napoléoniennes, Marseille s'ingénia alors en faveur de ses industries pour les besoins nationaux. La science fournit les moyens de remplacer des produits exotiques dont le blocus anglais privait le port. Il s'ouvrit des fabriques nouvelles de produits chimiques ; la savonnerie, la tannerie, les raffineries de soufre améliorèrent leurs procédés ; les perfectionnements de la mécanique furent appliqués aux filatures et aux tissages.

Au moment de la chute du gouvernement impérial, la production de l'industrie locale, qui avait finalement décliné, n'était évaluée qu'à une douzaine de millions de francs par an, mais cette estimation est incomplète, car il y manque notamment les moulins à farine et les raffineries de sucre ; il faut aussi tenir compte du bas prix des produits. La répartition comprenait : 62 fabriques de savon, d'une production de 6 millions et demi de francs ; 5 fabriques de soude artificielle et 9 de produits chimiques divers, pour 2.250.000 francs ; 40 tanneries, pour un million ; 3 raffineries de soufre, avec 370.000 francs ; 16 ateliers de chapellerie, 230.000 francs ; 18 chais de vins, 220.000 francs ; 3 manufactures de corail, 170.000 francs ; 7 fabriques de bonnets façon Tunis, 120.000 francs ; des tuileries, des filatures, des fabriques de liqueurs et de confiserie, de papier, des ateliers d'orfévrerie, de passementerie, de chaudronnerie.

La paix de la Restauration, l'introduction des machines à vapeur et le régime protectionniste furent de puissantes causes de développement industriel. Dès 1820, la production marseillaise était évaluée à 40 millions de francs, et elle s'élevait en 1830 à 117 millions. A partir de cette époque, on peut suivre les étapes du grand essor de Marseille à ce point de vue, grâce à la documentation réunie par la Chambre de Commerce et qui s'applique à sa circonscription entière, soit les arrondissements de Marseille et d'Aix. La liste des industries en 1830, au début de la formidable extension moderne, comprend essentiellement les catégories suivantes :

Principales industries en 1830
(Production en millions de francs)

Savonnerie	30
Raffinerie de sucre	16
Affinage de matières d'or et d'argent	12
Boulangerie	10
Produits chimiques	7,5
Industrie métallurgique et mécanique	6,5
Textiles et lavage de laine	6,5
Vêtements	5
Cordonnerie	4
Menuiserie, ébénisterie	3
Tannerie et industrie du cuir	2
Tonnellerie	2
Tabac	2
Carrosserie et accessoires	1,5
Minoterie-semoulerie	1

Les progrès industriels de Marseille au cours du XIXe siècle, qui ont exercé une grande influence sur son expansion, ont résulté à la fois de l'énorme développement de beaucoup d'industries anciennes et de la création de nombreuses et puissantes industries nouvelles. Les forces hydrauliques fournies par le Canal de la Durance après 1850, les traités de commerce du second Empire, l'afflux des charbons anglais à bas fret après 1870, l'abondance des produits coloniaux à mettre en œuvre ont largement concouru à ce développement moderne. Ayant dû subir en 1892 le protectionnisme douanier, défavorable à son port, Marseille a su habilement en profiter au point de vue industriel, malgré sa liaison insuffisante avec l'intérieur. Les matières premières ne supportant pas les frais de transport dans l'hinterland ou devant donner lieu à réexportation, de même celles trouvant sur place des conditions favorables, sont de plus en plus transformées par l'industrie locale, qui doit aussi faire face à une consommation croissante de la ville et de la région du Sud-Est, où Marseille est la seule grande place industrielle.

Aujourd'hui, la vie économique de Marseille dépend au moins autant de son industrie que du commerce et de la navigation : c'est d'ailleurs ce qui en fait la force solide et la véritable prospérité. Une multitude de cheminées d'usines se dresse dans la périphérie de la cité et prouve l'importance de son labeur, que matérialise l'encombrant défilé à travers le centre de la ville d'un énorme charroi entre les ports et les usines, trop souvent séparés par une grande distance. Voici un relevé expressif de la progression industrielle :

Production industrielle de Marseille

En 1830.........	117	millions de francs
En 1860.........	326	—
En 1880.........	578	—
En 1900.........	782	—
En 1905.........	1.187	—
En 1910.........	1.380	—
En 1913.........	1.500	—

De 1830 à 1905, cette production a exactement décuplé ; plus récemment, elle a même doublé de 1900 à 1913. Il est très intéressant d'observer que cette forte progression est presque parallèle à celle du commerce extérieur et du mouvement maritime, et qu'elle a été suivie par le gros accroissement de la population. Voici le tableau des industries importantes en l'année 1910, la dernière pour laquelle existe une statistique détaillée et qui représente, avec une légère infériorité, la situation normale d'avant-guerre :

Principales industries en 1910

(Production en millions de francs)

Huilerie de graines, tourteaux	350
Minoterie-semoulerie	210
Vêtements	90
Raffinerie de sucre	87
Savonnerie	75
Métallurgie, mécanique	59
Produits chimiques	50
Boulangerie	46
Graisse alimentaire	35
Affinage du plomb	26
Bijouterie	26
Bougies, cires	22
Tabacs	21
Cordonnerie	19
Allumettes	18
Charcuterie	17
Journaux et imprimés	16
Tonnellerie, caisserie	15
Vins de liqueur, liqueurs	14
Rizerie	14
Menuiserie	13
Industrie du cuir	12
Tuilerie, briquetterie	12
Parfumerie	11

Pâtes alimentaires....................	11
Raffinerie de soufre..................	10
Chaux, ciment, plâtre, ciment armé...	10
Vins (exportation), brasseries.........	10

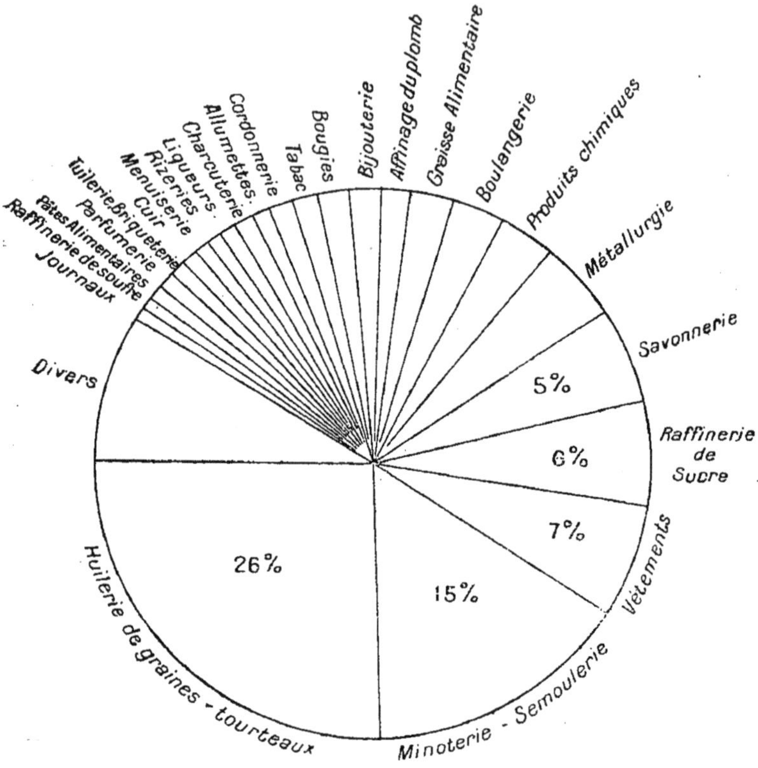

Fig. 12. — Production industrielle en 1910
1.400 millions de francs.

En poids, l'importance respective des grandes industries s'établissait comme suit en 1913, donnant un total d'environ 3 millions et demi de tonnes :

Poids des principaux produits en 1913

Minoterie-semoulerie	800.000	tonnes
Huilerie de graines et tourteaux	530.000	—
Tuilerie-briquetterie	400.000	—
Chaux, ciments, plâtres	370.000	—
Produits chimiques	300.000	—
Sel marin	200.000	—
Savonnerie	180.000	—
Sucre	150.000	—
Boulangerie	120.000	—

On peut dire qu'à l'exception des tissages de soie, toutes les industries notables sont maintenant cultivées à Marseille, et cette magnifique floraison industrielle lui fait le plus grand honneur. Un examen sommaire de la situation de chacune des principales industries avant la guerre complétera utilement les notions précédentes.

*
* *

La plus puissante des industries marseillaises est celle de l'huilerie de graines et de son sous-produit, le tourteau. Elle est cependant moderne, ne remontant qu'à 1827, et sa production n'égalait que 12 millions de francs en 1840, pour s'élever à 95 millions en 1880. L'époque contemporaine a vu cette branche d'activité prendre une énorme extension, car on a atteint avant la guerre le chiffre total de 350 millions de francs, dont 150 pour les tourteaux. avec 44 usines ayant 2.000 presses. La trituration des graines oléagineuses sert à la fabrication des huiles destinées, suivant leur qualité, à l'alimentation, à la savonnerie, au graissage, à l'éclairage, à la peinture, etc... ; les résidus ou tourteaux sont employés dans l'agriculture et l'élevage. La production de 1913 fut de 240.000 tonnes d'huiles diverses, dont près de la moitié absorbée par Marseille pour la savonnerie ou la consommation, l'autre moitié allant pour les deux tiers au marché intérieur et pour un tiers à l'exportation ; mais la vente en France recule devant la concurrence d'huileries nouvelles, et il y a lieu de développer la clientèle étrangère. En 1913 également, la production des tourteaux, en légère diminution, a été de près de 300.000 tonnes, vendues par moitié en France et à l'étranger, surtout dans les pays baltiques. Marseille reçoit d'ailleurs plus de la moitié des graines oléagineuses importées en France. Par contre, il y a une crise de l'huile d'olive, qui devient un aliment de luxe.

La minoterie-semoulerie, qui tient la seconde place à la tête des industries marseillaises, n'occupe une situation prépondérante que depuis 1861, date de l'octroi de la liberté au commerce des grains ; sa production valait 34 millions à cette époque. Une grande prospérité fut atteinte en 1885, avec une centaine de moulins transformant 7 millions d'hectolitres de blé en 400.000 tonnes de farine, d'une valeur de 170 millions ; mais le vote du droit de douane sur les blés lésa alors cette importante industrie, dont la production tomba à 110 millions en 1900. Aidée toutefois par l'admission temporaire, elle a recherché davantage et avec succès la clientèle extérieure, dans le bassin méditerranéen et les pays du Nord. En 1913, 43 minoteries et 25 semouleries, presque toutes usines mécaniques modernes, ont fourni par jour près de 2.500 tonnes de farines ou semoules, ce dernier produit étant la base des pâtes alimentaires, dont il existe 30 fabriques ; la moitié de cette grosse quantité est exportée ou, en moindre part, vendue à l'intérieur ; la valeur totale a dépassé 200 millions.

La savonnerie est la vieille industrie marseillaise, et c'est au XVIIe siècle que furent bâties de nombreuses fabriques, la franchise de 1669 ayant développé l'exportation. Mais le savon n'est plus le principal produit de Marseille, quoique la valeur de la fabrication soit montée de 54 millions en 1880 à 100 millions en 1913, avec 50 usines. Les ventes en France dépassent annuellement 100.000 tonnes par voie ferrée et utilisent en outre le cabotage, qui transporte 30.000 tonnes, le commerce extérieur absorbant une quantité analogue. La hausse des matières premières et la création de savonneries dans d'autres ports ont suscité une crise à cette fabrication.

Le vêtement alimente plusieurs industries occupant un nombreux personnel, dans une foule d'ateliers qui travaillent en partie pour l'exportation et l'armée ; de 30 millions en 1860, sa production a ensuite triplé.

La première raffinerie de sucre de Marseille date de 1671, et cette industrie prit un grand développement au XVIIIe siècle ; sa production valait 37 millions en 1860. Elle est exploitée actuellement par trois grandes usines perfectionnées, et donne lieu à une fabrication croissante, d'une valeur de plus de 90 millions, spécialement pour une exportation étendue, surtout dans l'Afrique du Nord.

Les matériaux de construction (chaux, ciment, plâtre ; tuiles, briques, carreaux, etc.), représentent en poids, sinon en valeur, un élément considérable du mouvement maritime à la sortie vers la plupart des pays du monde ; plus de la moitié de la production est exportée. Les usines distribuées dans la circonscription commerciale de Marseille sont au nombre de 9 pour la première catégorie et de 68 pour la seconde. L'industrie céramique est antique et renommée, en raison de la qualité supérieure des argiles de la côte dans le golfe de l'Estaque. L'ensemble de la production de l'industrie, aujourd'hui perfectionnée, des matériaux de construction valait 4 millions en 1860, 16 en 1900 et 20 finalement, avec une certaine stagnation ; mais on peut y ajouter le ciment armé et la marbrerie, pour 7 millions.

Les ateliers de métallurgie et de mécanique, au nombre de plus de 100, complétés par les deux chantiers de constructions navales des environs de Marseille, avaient, avant la guerre, une production de 60 millions de francs ; mais cette dernière fut notablement dépassée vers 1905. Elle s'était déjà élevée de 15 millions en 1840 au triple en 1880.

Les produits chimiques, dans lesquels entrent de nombreuses fabrications des usines de la circonscription, les huiles industrielles, les engrais, le caoutchouc, etc..., longtemps stationnaires, sont montés, malgré des vicissitudes diverses, de 9 millions de francs en 1880 au double en 1900, et encore au double en 1905, du fait de nouvelles applications de la science, pour atteindre finalement 50 millions.

Il reste à signaler certaines industries caractéristiques. C'est à Marseille qu'a été créée, à la fin du siècle dernier, la fabrication des graisses végétales comestibles (ayant pour origine l'huile de coco), qui a pris un rapide développement, avec 5 usines, et s'est répandue ensuite à travers le monde ; mais la concurrence étrangère a arrêté l'essor de l'exportation, dirigée surtout vers l'Angleterre. Le chiffre considérable de la production de 1910 comprend aussi la graisse alimentaire animale.

La stéarinerie (bougies et matières connexes) possède à Marseille une grande fabrique moderne, qui est la plus puissante du monde et dont l'origine remonte à 1835 ; elle fournit la moitié de la production française, et ses exportations dans les pays les plus divers représentent les 4/5 de celles de toute la France en cet article.

L'Etat exploite à Marseille une grande manufacture de tabac et une autre d'allumettes ; cette dernière date de 1890, mais une compagnie fermière la faisait valoir depuis 1872 et, avant cette époque, l'industrie libre entretenait 7 usines et un gros commerce.

Les industries textiles (corderie, sparterie, sacs, etc.) ont été renforcées depuis 1900 par la création de filatures et tissages, qui ont acclimaté à Marseille une fabrication nouvelle, à laquelle le Nord doit une grande partie de sa prospérité.

La confiserie et la chocolaterie offrent aussi une notable importance. Les raffineries de pétrole se préparent un brillant avenir, et l'industrie automobile s'établit. Les salines de l'étang de Berre ont une grande production en poids, mais de faible valeur.

Il y a toutefois des industries marquantes qui ont décliné. Ainsi la tannerie et le travail du cuir, jadis prospères et dont la production s'éleva à 18 millions de francs en 1880, sont en décadence depuis lors. La distillerie d'alcool, après avoir atteint un fort développement, a même été tuée par le protectionnisme vinicole.

Les charbonnages du bassin de Fuveau et de Gardanne, près de Marseille, sont aussi un élément d'activité, quoiqu'ils ne soient pas comptés dans le bilan industriel de la grande cité ; ces mines ont produit, en 1913, près de 700.000 tonnes de lignite.

La pêche côtière pratiquée dans le golfe de Marseille est une industrie maritime spéciale à joindre aux précédentes. Elle a fait armer, en 1913, 750 bateaux, montés par 2.300 hommes, et la valeur des produits a été de 1.131.000 francs. En outre, une dizaine de chalutiers à vapeur sont inscrits au port de Marseille.

Le vaste réseau des tramways électriques de la ville représente particulièrement l'industrie des transports, qui mérite également d'être considérée. Il correspond à 173 kilomètres de longueur, 23 millions de kilomètres parcourus et 112 millions de voyageurs transportés en 1913. Le nombre de kilomètres et celui des voyageurs s'est élevé respectivement en 1920 à 27 millions et demi et 162 millions et demi.

Nous sommes ainsi conduits à l'industrie de la production d'énergie électrique : en 1913, l'équivalent de 60.000 chevaux-vapeur était employé à Marseille par les tramways (10.000 H. P.), l'éclairage, les moteurs d'usines. La plus grande partie de cette force électrique provient des chutes d'eau aménagées sur la Durance et dans les Alpes, d'où elle est transmise par câbles.

Le nombre des établissements industriels de Marseille employant des appareils à vapeur était de 700 en 1905, répartis en 80 spécialités. La consommation industrielle du charbon égalait alors 350.000 tonnes par an ; elle s'est élevée à 606.000 tonnes en 1913. La statistique des établissements et des forces motrices à cette dernière date n'existe que pour le département des Bouches-du-Rhône ; elle indique 1.029 établissements, ayant 1.370 appareils.

La force motrice des machines à vapeur dans les industries du département était de 10.000 chevaux en 1877, de 20.000 en 1890, de 60.000 en 1905 (sur lesquels 40.000 à Marseille, y compris 8.000 chevaux de force électrique pour les tramways), enfin de 100.000 chevaux en 1913, dont la moitié pour la production éventuelle d'électricité en cas d'insuffisance des transmissions ci-dessus, qui ne s'additionnent donc que partiellement avec ce total. Par conséquent, la puissance des machines a quintuplé en moins d'un quart de siècle. En outre, 2.000 chevaux-vapeur sont fournis par la force hydraulique du canal entre la Durance et Marseille ; il y a diminution de 1.000 chevaux depuis 1895. L'outillage du port emploie de son côté un millier de chevaux de force hydraulique. Il faut compter enfin 1.000 chevaux de moteurs à gaz.

Au total, l'industrie marseillaise se répartissait à la veille de la guerre entre plus d'une centaine de branches diverses, parmi lesquelles une vingtaine de nouvelles industries notables s'étaient créées depuis le milieu du siècle dernier. L'effectif de la population industrielle était évalué en 1913 à 160.000 personnes, en majeure partie de nationalité italienne. On peut estimer que la moitié environ des marchandises arrivant à Marseille est soumise à l'intervention de ses industries.

CHAPITRE XI

LA MÉTROPOLE COLONIALE

Le passé colonial de Marseille remonte aux temps antiques de sa longue histoire. Dès l'époque grecque, les marins massaliotes fondèrent à leur tour des colonies, centres de commerce et de civilisation, sur les côtes voisines, à Tauroentum, aux Iles d'Hyères, à Saint-Tropez, Antibes, Nice, Monaco, dans l'Est ; à Agde, à Rhoda (Rosas) dans l'Ouest et le long de l'Espagne jusque vers Gibraltar. La mémorable exploration maritime de Pythéas aux Iles Britanniques et en Islande avait dans ses buts la recherche de nouvelles routes commerciales. Avec les Romains, Marseille colonisa ensuite la Provence et servit de trait-d'union pour la pénétration de la Gaule.

Après les siècles des invasions barbares venues d'Asie, les Croisades furent un mouvement inverse de colonisation européenne en Orient. Marseille y joua un grand rôle et posséda de véritables établissements dans le Levant, en rivalisant avec les ports italiens. Elle devint ainsi l'intermédiaire entre la France et les Echelles jusqu'à l'époque moderne, comme on l'a vu dans son histoire commerciale.

L'action de Marseille dans l'Afrique du Nord, en Barbarie, remonte aussi à une époque ancienne. Au Xe siècle, malgré la piraterie sarrazine, elle y avait déjà des « fondouks » et des Consuls, sur la foi de traités de commerce passés avec les Princes musulmans, en dépit des expéditions guerrières.

Concernant les origines des colonies actuelles, il faut évoquer les « Concessions d'Afrique » obtenues par des négociants marseillais vers 1560, du bey d'Alger et du Sultan de Turquie : une compagnie se livrant surtout à la pêche du corail établit des comptoirs à La Calle et à Bône et son principal établissement au Bastion de France, entre ces deux ports. Mais ces concessions firent naître des conflits armés, après lesquels un nouveau traité rendit en 1629 le Bastion à la France pour le compte des Marseillais, qui purent alors développer et fortifier leurs établissements. Cependant les vicissitudes continuèrent, les concessions changèrent de mains et furent parfois abandonnées ; enfin au XVIIIe siècle, elles passèrent à la Compagnie royale d'Afrique, avec une direction marseillaise, et leur exploitation devenait prospère lorsque la Révolution française amena la dissolution de la Compagnie. Celle-ci faisait de l'exportation du blé et La Calle était alors une petite ville française armée en place forte. En Tunisie et au Maroc, les envoyés de Marseille furent également les lointains pionniers de l'influence française, à laquelle ils préparèrent notre moderne empire africain.

La Méditerranée ne suffisant pas à l'activité extérieure de Marseille, ses négociants et armateurs prirent part au XVIIIe siècle au commerce avec les îles d'Amérique, les Antilles, et lui donnèrent un grand développement. Ils répandirent la consommation du café en France et tinrent le marché du sucre en Méditerranée. Le plus célèbre d'entre eux, Georges Roux, dit Roux de Corse, fut une personnalité extraordinaire : premier échevin de la Ville et anobli par le Roi, ayant acquis une grosse fortune, ce grand armateur lança de nombreux corsaires contre les Anglais et leur causa d'énormes pertes ; à cette occasion, il publia un manifeste fièrement intitulé : « Georges de Roux contre Georges III, roi d'Angleterre. »

Au Sénégal, c'est au marseillais Bruë, envoyé en 1697 comme directeur des concessions de la Compagnie royale de France, que l'on doit l'impulsion qui étendit notre influence dans l'intérieur. L'œuvre des Provençaux aux Indes orientales fut également remarquable aux XVIIe et XVIIIe siècles, avec le comte de Forbin, le bailli de Suffren et l'amiral d'Entrecasteaux. C'est un capitaine de Marseille, Etienne Marchand, effectuant en 1791-92, sur le *Solide*, de 300 tonneaux, l'un des premiers tours du monde français, qui prit possession des Iles Marquises au nom du Roi, au cœur de l'Océan Pacifique.

Enfin, dans la grande œuvre de la formation de l'Empire colonial français du XIXe siècle, Marseille a joué un rôle capital : c'est presque toujours par son port que nos expéditions coloniales ont été embarquées et ravitaillées et que nos possessions ont entretenu les relations commerciales qui ont permis leur prospérité.

Le concours enthousiaste de Marseille à la prise d'Alger, en 1830, fut extrêmement précieux : le grand nombre des bâtiments auxiliaires de l'expédition y fut affrété, quoique l'embarquement des troupes ait eu lieu à Toulon. En faisant appel à des navires d'Italie, on équipa et arma rapidement à Marseille 357 transports, jaugeant 71.000 tonneaux, et il y fut joint 140 barques qui traversèrent courageusement la Méditerranée pour les opérations de débarquement. Les 5.000 marins de ces navires furent fournis en plus des levées antérieures de la Marine royale. Dès la réussite de l'expédition, les Marseillais, comprenant notre avenir africain, demandèrent l'annexion de toute l'Algérie, alors que la France hésita longtemps à en voir l'utilité, ce qui rendit la conquête plus longue et plus coûteuse.

Enfin, les négociants marseillais ont été, au siècle dernier, des précurseurs en Afrique occidentale, où notre vaste domaine actuel est l'héritage agrandi des entreprises audacieuses des Régis, des Pastré, d'Olivier de Sanderval, de Verminck, de Cyprien Fabre ; de même à Madagascar et au Congo, avec Alfred Rabaud, président-fondateur de la Société de Géographie de Marseille, et au Maroc avec la Compagnie Paquet.

Dans les revendications coloniales de la France, figure le territoire arabique de Cheik-Saïd, sur le détroit de Bab-el-Mandeb, porte méridionale de la Mer Rouge; il fut acquis et occupé en 1868 par les soins d'une Société marseillaise dirigée par Rabaud, mais nous n'y avons pas entretenu d'établissement, et la France, qui s'est ensuite installée en face, sur la Côte des Somalis, s'est contentée depuis lors d'affirmer ses droits.

A la veille de la Révolution française, le commerce colonial de Marseille représentait 40 millions de francs par an, soit près du tiers du trafic total du port avec l'extérieur ; mais c'était seulement le septième de la valeur du commerce de la France avec ses colonies du temps, car le rôle colonial de Marseille profitait aussi aux autres ports de la métropole. En 1840, Marseille ne venait encore qu'après le Havre pour les armements coloniaux (Algérie exclue), et Bordeaux suivait de près ; dans le mouvement de la navigation entre la

Fig. 13. — Le bassin de la Joliette.

France et les colonies, il n'effectuait que le quart, et sa position était analogue pour la valeur du commerce, comparable à celle de 1788 ; les Antilles étaient le principal objectif, suivies du Sénégal et de la Réunion ; à signaler les fortes importations de morues des pêcheurs bretons.

C'est dans la seconde moitié du XIXe siècle que s'est établie de plus en plus la grande prépondérance de Marseille dans notre commerce national avec le domaine extérieur nouvellement conquis par la France, en même temps que s'affirmait sa situation de premier port français et son rôle mondial. Ces progrès ont été faibles d'abord, puis l'extension de la navigation à vapeur leur a donné une puissante impulsion. Cependant, pour les colonies proprement dites (sans l'Algérie), Bordeaux dépassa Marseille comme mouvement maritime jusqu'en 1870, mais dès 1875 Marseille arriva à la moitié du tonnage de cette navigation coloniale française. De plus, il faut tenir compte pour les relations maritimes au delà de Suez que les statistiques douanières notent les navires suivant le point initial ou terminus, parfois étranger, de leur voyage, en omettant dans ce cas les escales coloniales — ainsi l'Indo-Chine sur la ligne postale de Marseille au Japon.

A partir de 1890 environ, Marseille établit sa prééminence définitive sur la navigation entre la métropole et nos possessions d'outre-mer, devenant ainsi le principal port colonial de la France. Durant les dix années 1887-96, le mouvement maritime purement colonial de Marseille s'éleva à 2.500.000 tonneaux, sur 6 millions pour la France entière ; en 1889, plus de la moitié du total a même dépendu de Marseille.

En ajoutant les chiffres considérables de l'Algérie puis de la Tunisie, le mouvement maritime colonial de Marseille a correspondu au huitième de la navigation totale du port dans la période quinquennale 1847-51, à un cinquième dans la période 1867-71, à plus du quart en 1892-96. Le rôle des colonies dans la vie économique de Marseille devient désormais capital : en effet, de 1892 à 1896, le mouvement total du port ayant été de 35.600.000 tonneaux, celui avec les colonies y a figuré pour 9.700.000 tonneaux. En 1896, les chiffres respectifs de la navigation coloniale pour Marseille et la France entière s'élevèrent à 2.200.000 tonneaux sur 3.600.000, soit plus de 60 %, proportion presque conservée depuis lors. Pour les années 1903 et 1912, le mouvement maritime colonial de Marseille fut successivement de 2.500.000 tonneaux et de 3.700.000, soit environ le cinquième de l'ensemble du port, la navigation générale ayant plus augmenté que la navigation coloniale ; mais la réalité est supérieure à cette statistique douanière pour la raison donnée plus haut.

La valeur du commerce colonial général de Marseille, en comptant l'Algérie-Tunisie, a progressé plus encore que le mouvement de la navigation, comme on le verra ci-dessous :

Commerce colonial de Marseille et de la France
(Importations et Exportations, en millions de francs)

	MARSEILLE	FRANCE
1846	130	285
1885	320	575
1896	503	813
1903	595	1.106
1912	1.043	1.962

La part de Marseille dans la valeur du commerce colonial français a donc égalé plus des 2/5 en 1846 et plus des 3/5 en 1896, soit 60 % ; enfin, en 1912, elle était à peu près stabilisée à 53 %, soit un peu plus de la moitié.

La comparaison entre la valeur du commerce colonial et celle du commerce extérieur total du port donne généralement le quart pour le premier par rapport au second, depuis le milieu du siècle dernier, tandis que pour la France entière, la part des colonies dans le commerce extérieur général n'est guère que le dixième.

Notre domaine d'outre-mer étant devenu un véritable empire, qui s'est augmenté en 1912 du protectorat du Maroc, l'industrie marseillaise a travaillé de plus en plus les matières premières coloniales et a envoyé dans nos possessions des quantités croissantes de ses produits manufacturés. Tête de ligne des services maritimes postaux des colonies — à part ceux qui relient à la mère-patrie une partie de l'Ouest Africain et nos modestes possessions d'Amérique, — le port de Marseille aurait vu décliner son activité nationale sans le mouvement intense de la navigation avec ces terres d'outre-mer. Ainsi, grand marché français des produits coloniaux et principale porte de sortie des marchandises françaises nécessaires dans nos possessions, Marseille domine particulièrement les relations avec notre Afrique du Nord, de la Tunisie au Maroc, et après la Corse et la Seine, c'est le département des Bouches-du-Rhône qui compte le plus de représentants dans la population algérienne née en France. Un grand nombre des maisons coloniales ont leur siège à Marseille, d'où elles dirigent des entreprises variées.

Dans le commerce colonial de Marseille, la valeur des exportations dépasse considérablement celle des importations, alors que l'inverse se produit dans l'ensemble du commerce général extérieur du port ; mais on constate le contraire pour les poids. C'est un phénomène naturel aux pays neufs que l'importance de leurs besoins pour la mise en valeur ; en même temps, il faudrait que l'achat de leur production augmentât rapidement dans la métropole. Celle-ci devrait acquérir dans nos possessions beaucoup d'articles qu'elle prend surtout à l'étranger, ce qui permettrait d'écouler davantage nos propres produits. Marseille reçoit principalement des matières premières lourdes, pour lesquelles il n'est que port régional, à cause de l'insuffisance des transports vers l'intérieur, tandis que pour les objets fabriqués expédiés, pouvant supporter les déplacements, Marseille est un port national.

En ce qui concerne l'ordre d'importance des grands produits coloniaux entrés à Marseille, il était le suivant en 1896, par exemple, pour les poids : céréales, sucres bruts, vins, graines et fruits oléaginenx, bestiaux, minerais, riz, huiles fines ; et pour les valeurs : céréales, vins, bestiaux, sucres bruts, graines et fruits oléagineux, huiles fines, peaux brutes. Les produits exportés de Marseille aux colonies se présentaient comme suit, pour les poids : semoules, poterie et verrerie, matériaux à bâtir, céréales et farines, pommes de terre et légumes secs, sucres raffinés, vins, savons ; et pour les valeurs : tissus de coton, vêtements et lingerie, ouvrages en cuir, vins, semoules, outils et ouvrages en métaux, café, céréales et farines, poterie et verrerie. L'Algérie-Tunisie absorbait en poids les trois quarts du commerce colonial de Marseille.

Nous arrivons en 1912 à la fin de la période normale d'avant-guerre sur laquelle existent des renseignements détaillés, et il y a lieu de dresser le tableau du commerce colonial de Marseille à cette date. Le commerce général extérieur de la France ayant été cette année de 19 milliards de francs, dont près de 2 avec les colonies, plus de la moitié de ce dernier trafic est passée par Marseille, soit 27 % de son commerce extérieur total. Les 1.043 millions de francs du commerce colonial de Marseille se répartissent en 353 millions d'importations et 690 d'exportations, dont voici le détail :

Commerce de Marseille avec les colonies en 1912
(En millions de francs)

	Importations	Exportations	Total
Algérie	157	400	557
Tunisie	37	108	145
Maroc	18	66	84
Indo-Chine	25	48	73
Afrique Occidentale...	26	25	51
Madagascar	18	20	38
Inde Française.......	29	1	30
La Réunion..........	11	5	16
Guadeloupe	13	2	15
Somalie	4	7	11
Martinique	9	1	10
Nouvelle-Calédonie ..	3	4	7
Mayotte et Nossi-Bé...	2	2	4
Guyane	1	1	2
St-Pierre et Miquelon.	1	»	1

Il y a sur 1911 une diminution exceptionnelle de 38 millions aux importations algériennes, d'ailleurs largement compensée par l'augmentation des exportations.

Près des 4/5 du commerce colonial de Marseille s'effectuent avec nos trois pays de l'Afrique du Nord. C'est aussi avec ces mêmes contrées que le port de Marseille entretient les relations maritimes les plus actives, car il est parti ou arrivé 2.883 navires sur les lignes algériennes (d'ailleurs réservées au pavillon français pour les relations avec la métropole), tunisiennes ou marocaines. Néanmoins, pour l'Afrique du Nord et l'Indochine, un courant commercial croissant se forme avec les ports français de l'Océan.

Principaux Produits du Commerce colonial de Marseille en 1912.

(En millions de francs)

IMPORTATIONS

Farineux alimentaires (Algérie : 41, blé, etc. ; Indo-Chine : 12, riz ; Tunisie : 8 ; Maroc : 5).	66
Fruits et graines oléagineuses (Indes : 27 ; Afrique Ouest : 17 ; Algérie : 9)................	61
Boissons (vins) (Algérie : 37)..................	40
Huiles et sucs végétaux (Algérie : 13 ; Tunisie : 10 ; Afrique Ouest : 7)..................	40
Denrées coloniales (sucre, etc.) (Guadeloupe : 12 ; La Réunion : 9 ; Martinique : 8)............	37
Produits et dépouilles d'animaux (Algérie : 9 ; Maroc : 7 ; Madagascar : 6)................	30
Animaux vivants (Algérie : 26)..............	28
Produits végétaux et déchets divers (Algérie)..	7
Produits médicinaux (Tunisie, Maroc)..........	7
Ouvrages en matières diverses (Algérie)........	6
Fruits, tiges et filaments à ouvrer (Madagascar).	5
Tissus (Tunisie, Indes)......................	5

EXPORTATIONS

Ouvrages en matières diverses (Algérie : 160 ; Tunisie : 39 ; Maroc : 8 ; Afrique Ouest : 5 ; Indochine : 5)............................	221
Tissus (Algérie : 44 ; Indochine : 13 ; Tunisie : 12 ; Maroc : 10 ; Madagascar : 5)............	88

Denrées coloniales (Algérie : 32 ; Maroc : 19) ; Tunisie : 9 ; Indochine : 7)	69
Bijouterie, horlogerie, ouvrages en métaux (Algérie : 30 ; Tunisie : 9 ; Indochine : 5)	52
Produits et dépouilles d'animaux (Algérie : 14 ; Maroc : 4 ; Tunisie : 4)	24
Peaux et pelleteries ouvrées (Algérie : 15 ; Tunisie : 4)	23
Farineux alimentaires, farines (Tunisie : 7 ; Sénégal : 5 ; Algérie : 3 ; Maroc : 3)	21
Numéraire (Maroc : 9 ; Afrique Ouest : 4 ; Tunisie : 3 ; Madagascar : 3)	21
Boissons, Vins, etc. (Algérie : 6 ; Indochine : 3)	19
Objets fabriqués, compositions diverses (Algérie : 12 ; Tunisie : 2)	18
Papier et applications (Algérie : 10 ; Tunisie : 3)	18
Vêtement et lingerie (Algérie : 10 ; Tunisie : 2)	16
Huiles et sucs végétaux (Algérie : 10)	14
Poteries, verres et cristaux (Algérie : 7)	11
Produits chimiques (Algérie : 7)	10
Matériaux de construction, combustibles (Algérie : 7)	9
Armes, poudres, munitions (Somalie : 5)	9

Il y a, par rapport à 1911, une diminution exceptionnelle de 16 millions aux importations, concernant les farineux alimentaires et les animaux vivants, mais par contre, une augmentation générale de 144 millions aux exportations.

A partir de 1913, où il y a eu encore plus-value, la Douane ne fournit qu'en poids les statistiques du commerce avec nos colonies, qui a été alors, pour Marseille, de 1.634.000 tonnes de marchandises. Sur ce total, il y a eu 728.000 tonnes d'importations (matières premières), dont 313.000 par l'Algérie, 91.000 par les Indes, 90.000 par la Tunisie, 82.000 par l'Afrique Occidentale, 54.000 par l'Indochine ; ainsi que 906.000 tonnes d'exportations (1/4 en produits manufacturés), dont 485.000 tonnes pour l'Algérie, 166.000 pour le Maroc, 98.000 pour la Tunisie, 68.000 pour l'Afrique Occidentale, 34.000 pour l'Indochine, 26.000 pour Madagascar. En poids, la part coloniale dans le commerce extérieur total de Marseille est de 1/5, contre 1/4 en 1890. Dans le commerce colonial de toute la France, celui de Marseille représente 25 % aux importations, 48 % aux exportations et 36 % pour l'ensemble, soit plus du tiers. Quant au commerce de Marseille avec nos trois pays de l'Afrique du Nord, pour lesquels 3.150 navires sont partis ou arrivés en 1913, il égale en poids près de la moitié de leur commerce avec la France ; le trafic de ces pays absorbe 70 % du commerce colonial de Marseille.

D'autre part, les colonies françaises autres que celles de l'Afrique du Nord ont vu doubler, de 1890 à 1913, la proportion du poids de leur commerce avec Marseille dans l'ensemble des transactions du port, par suite de leur mise en valeur progressive ; elles ont eu ainsi, pendant la dernière de ces années, un trafic de près de 500.000 tonnes.

La guerre a ensuite développé grandement le commerce franco-colonial par Marseille, surtout aux importations, comme on le verra dans le chapitre suivant.

CHAPITRE XII

LE PORT DE MARSEILLE PENDANT ET APRÈS LA GUERRE

En l'année 1913, à la veille de la guerre, Marseille et son port étaient parvenus à une exceptionnelle prospérité, à la suite des brillants progrès réalisés depuis un quart de siècle. En tenant compte de l'éloquence des chiffres approximatifs, une population de 560.000 habitants, un mouvement annuel supérieur à 17.000 navires jaugeant plus de 21 millions de tonneaux, un trafic général de plus de 15 millions de tonnes des marchandises, un mouvement de 4 millions et demi de voyageurs, un commerce extérieur dépassant 4 milliards de francs, une production industrielle d'un milliard et demi et une richesse publique de 3 milliards, faisaient de Marseille la plus puissante agglomération provinciale de la France — la seule se rapprochant de Paris par son intense vitalité — en même temps que la reine de la Méditerranée.

La guerre a surpris Marseille dans cette période prospère et a aussitôt causé une profonde perturbation dans son mouvement maritime et commercial : avec les hostilités, s'est ouverte une grave crise économique, qui ne s'atténue que lentement depuis le retour de la paix. Tandis que les grands ports océaniques de la France voyaient leur trafic considérablement augmenté par la guerre, surtout du fait du concours anglais, puis américain, et que Rouen gagnait même la première place, le port de Marseille a vu au contraire diminuer son activité et a ainsi souffert particulièrement du cataclysme mondial.

Toutefois, en analysant les statistiques, il faut tenir compte que non seulement les navires de guerre, mais de nombreux vapeurs de commerce affrétés par l'Etat pour ses transports de troupes, de matériel et d'approvisionnements, n'y figurent pas, non plus que les transports anglais analogues, qui représentaient par exemple un million de tonneaux de jauge par an à la fin de la guerre. Il en résulte que la fréquentation du port de Marseille a été en réalité bien supérieure aux indications commerciales reproduites plus loin, et c'est ce qui explique en partie son encombrement exceptionnel au cours des hostilités.

Le premier semestre 1914 avait présenté un certain marasme ; l'insécurité de la guerre paralysa ensuite la navigation. Le pavillon allemand, qui tenait une grande place dans le mouvement maritime de Marseille, disparut naturellement, de même celui de l'Autriche-Hongrie, puis de la Turquie. Les mesures gouvernementales ranimèrent pourtant l'énergie : les paquebots d'Algérie furent consacrés aux transports des troupes et des approvisionnements, et bientôt l'ensemble des services d'outre-mer se remit en marche. En novembre, entra dans le port le premier vapeur arrivant du Pacifique américain par le canal de Panama : ce fut le steamer anglais *Frankmount*, de 3.000 tonneaux, chargé de blé.

Une partie des bassins Nord fut concédée à la marine britannique, dont la base prit un rapide développement, et d'autres parties se virent occupées par nos propres services militaires. Un énorme défilé de troupes françaises d'Afrique et de troupes anglaises des Indes anima alors Marseille. Plus tard, survinrent nos contingents asiatiques, des troupes russes et les forces britanniques d'Australasie. L'extraordinaire variété des races qui se coudoyaient sur la cosmopolite Cannebière en fit une sorte de musée ethnographique animé, où passèrent en dernier lieu des troupes américaines. De nombreux réfugiés des diverses régions de l'Europe, et surtout de l'Orient, se rassemblèrent également dans l'hospitalière cité. Plusieurs millions d'hommes ont ainsi traversé Marseille du fait de la guerre. Non seulement il fallut installer des camps militaires en banlieue, où se succédèrent des détachements de toutes les armées de l'Entente, mais divers quartiers prirent un caractère nettement exotique ou étranger, et l'on vit des rues africaines dans la vieille ville. Opulente et vivante, Marseille devint plus que jamais une énorme fourmilière humaine, boulevard des peuples et des langues de toute la planète.

Les alliés ayant la maîtrise des mers, la Méditerranée resta libre, mais l'inaction forcée des flottes commerciales ennemies, les besoins accrus des belligérants et les dangers de la navigation entraînèrent la hausse des frets. Dès le milieu de 1915, près de 50 vapeurs de Marseille, jaugeant brut 200.000 tonneaux, étaient soumis à la réquisition de l'Etat. La guerre sous-marine de l'ennemi, arme des faibles contre le blocus allié, ne tarda pas à nous causer de graves dommages en Méditerranée. Néanmoins, 50 vapeurs marseillais furent affectés aux transports des expéditions des Dardanelles et de Salonique, Marseille étant la base des armées d'Orient.

Pour garantir l'accès du port, en outre des batteries de côte et des postes de projecteurs, de la défense mo-

Fig. 14. — Le bassin de la Pinède.

bile et des services d'aviation, on établit en rade de solides barrages et une étroite surveillance fut organisée. Marseille se trouvant en grande partie transformé en port de guerre, avec un contre-amiral commandant le front de mer, les bassins se virent dès 1915 en proie à un énorme encombrement des surfaces d'eau et des terre-pleins, causé par les bases navales françaises et anglaises et le ravitaillement militaire et civil, le commerce étant réduit à la portion congrue. Le trafic s'éleva un moment au-dessus de la normale de 1913, et il y eut, en été, plus de 40 vapeurs de tous pavillons mouillés sur rade de l'Estaque, dans l'attente d'une place au port pour leurs opérations. Il en fut de même en 1916.

La main-d'œuvre française, puis l'italienne furent très diminuées par la mobilisation, de même que le matériel flottant et roulant ainsi que les chevaux l'étaient par les réquisitions. Il fallut obtenir des travailleurs coloniaux, des prisonniers de guerre, des spécialistes démobilisés, également des ouvriers neutres, tels que les Espagnols.

En 1916, la guerre sous-marine s'aggrave. Outre les escortes navales, où figurent des torpilleurs japonais, on est obligé de doter de canons les vapeurs de commerce pour leur défense et d'armer des chasseurs de sous-marins. Les prix exorbitants du charbon et des assurances, les réquisitions croissantes de navires concourent à réduire les services réguliers d'outre-mer. Après la période de désorganisation, une meilleure utilisation des navires et des bassins améliore cependant la situation du port, qu'administre une Commission officielle à laquelle succède, en janvier 1917, un Chef d'Exploitation du port, chargé d'assurer l'unité de direction. Par les soins de la Chambre de Commerce, l'outillage de manutention des quais est accru, des hangars de fortune sont édifiés pour les marchandises en excès, des auto-camions viennent aider à l'évacuation des produits ; la Cie des Docks construit aussi de nouveaux hangars. Marseille ne cesse de jouer un grand rôle dans l'approvisionnement national.

En 1917 et 1918, les charbons importés font défaut à Marseille et, de plus, la crainte des torpillages en Méditerranée fait rompre charge aux paquebots d'Extrême-Orient à Port-Saïd. D'ailleurs, l'année 1917 voit le maximum des pertes causées par la guerre sous-marine, contre laquelle la lutte devient ensuite victorieuse. Avec 1918, à la suite du régime des licences, se produit la réquisition générale de la Marine marchande par l'Etat, les armateurs n'étant plus que les gérants de leurs navires, mais ce régime donne lieu à une exploitation défectueuse. Certains frets avaient d'ailleurs augmenté de près de 20 fois sur 1914 et les prix de passage s'étaient aussi beaucoup accrus.

La situation du port de Marseille, dominée par le transit d'importation, a empiré encore en 1918, malgré la faiblesse de l'activité commerciale, par suite d'un grave encombrement, motivé par l'invasion des services d'Etat militaires et civils, français ou étrangers, par le séjour prolongé des marchandises et du matériel sur les quais, par l'insuffisance de l'évacuation sur voies ferrées faute de wagons, et en raison des transports pour l'Italie. Une base américaine ayant été créée, a donné naissance à un mouvement très considérable. Au milieu de ces complications entraînant du désordre, le rendement du port est devenu beaucoup plus faible qu'avant la guerre. Cet encombrement s'est prolongé jusqu'à l'automne de 1919, malgré le retour de la paix ; à cette dernière époque, une grève des dockers et des marins a même immobilisé encore 30 navires sur rade de l'Estaque.

En 1920, le retour à la liberté de l'exploitation maritime, la réduction des importations de l'Etat, la baisse croissante des frets, l'arrivée des wagons nécessaires, ont permis le dégagement du port, redevenu ainsi normalement utilisable au commerce.

Les conséquences de la guerre sur le mouvement maritime et commercial de Marseille ont été néfastes et profondes. Dès 1915, par rapport à 1913, le tonnage net de la navigation était réduit d'un quart ; il tombait même à moins de la moitié de la normale en 1917, pour s'abaisser presqu'au tiers dans la dernière année de la guerre, le nombre des navires étant descendu alors à la moitié. Dès 1919, le tonnage remontait au-dessus de celui de 1917, et en 1920 on retrouvait des chiffres intermédiaires entre 1915 et 1916 ; l'augmentation de 1920 sur l'année précédente a été de 3 millions de tonneaux. Le mouvement du port comporte en 1920 une moyenne de 32 arrivées ou départs de navires chaque jour, contre 47 en 1913.

Mouvement général de la navigation

Entrées et sorties réunies

	NOMBRE DE NAVIRES	TONNEAUX DE JAUGE NETTE
1914	14.435	17.955.000
1916	11.933	13.747.000
1918	8.706	7.501.000
1920	11.459	14.203.000

(Sans les Affrétés d'Etat).

Relativement au tonnage d'avant-guerre, la répartition suivant le genre de navigation indique finalement des augmentations pour les voiliers et chalands, le cabotage national et le long cours, des diminutions pour le cabotage international et la navigation postale subventionnée. Il y a aussi augmentation des navires sur lest.

Concernant la répartition par pavillons, le mouvement de 1920 donne au pavillon français 6.948 navires (soit 2.437 de plus que l'ensemble des pavillons étrangers, du fait surtout de nombreux voiliers ou chalands au cabotage), mais cela représente le 40 % seulement du total de la jauge nette, soit 5.686.000 tonneaux, chiffre inférieur de 2.830.000 au tonnage étranger. Cette infériorité existe d'ailleurs depuis 1906, en raison de l'escale de grands paquebots britanniques et autres des lignes au delà de Suez, mais elle s'interrompit en 1917 et 1918, à la suite de la réduction des services et de l'adoption de la route du Cap par certaines lignes étrangères.

Les pavillons étrangers représentent en 1920 un total de 4.511 navires et de 8.516.000 tonneaux de jauge, comprenant toutefois 539 navires et 1.421.000 tonneaux sous la rubrique « divers », où domine le pavillon interallié qui concerne en partie la France.

Principaux pavillons étrangers en 1920

Entrées et sorties réunies. Tonneaux de jauge nette

Anglais	3.904.000
Japonais	777.000
Américain	730.000
Italien	393.000
Espagnol	317.000
Norvégien	256.000
Russe	231.000
Grec	225.000

Par rapport à 1919, le pavillon britannique est en forte augmentation ; le japonais monte brusquement du septième rang en 1918 au deuxième en 1919 et en 1920 ; le pavillon américain, second en 1918, reste troisième les deux années suivantes ; l'italien demeure quatrième en 1920 comme en 1919. Dans le deuxième semestre 1920, le pavillon allemand a fait sa réapparition avec six vapeurs entrés ou sortis et 25.000 tonneaux de jauge.

Le mouvement des passagers civils et militaires a vu se produire de grandes inégalités. Après une première chute, il s'est élevé notablement, pour subir une nouvelle baisse en 1918 ; mais au retour de la paix, la reprise des voyages et les évacuations de troupes ont fait doubler le total antérieur en l'élevant à près d'un million de voyageurs, arrivés ou partis.

Nombre de passagers civils et militaires

1914	465.702
1916	696.354
1918	494.306
1919	917.018
1920	796.573

Pour l'armée, ces totaux ne comprennent pas les gros transports de troupes par affrétés, mais seulement les détachements sur des vapeurs en service. Notre Afrique du nord entre dans les derniers chiffres pour près de la moitié. Le nombre des passagers transportés par des navires étrangers, surtout anglais, a été de 40.000 en 1919 et de 94.000 en 1920. Le train spécial de la Compagnie anglaise Peninsular and Oriental sur Calais a repris en janvier 1920 son service interrompu

FIG. 15. — *Mouvement de la navigation*

(Entrées et sorties réunies)

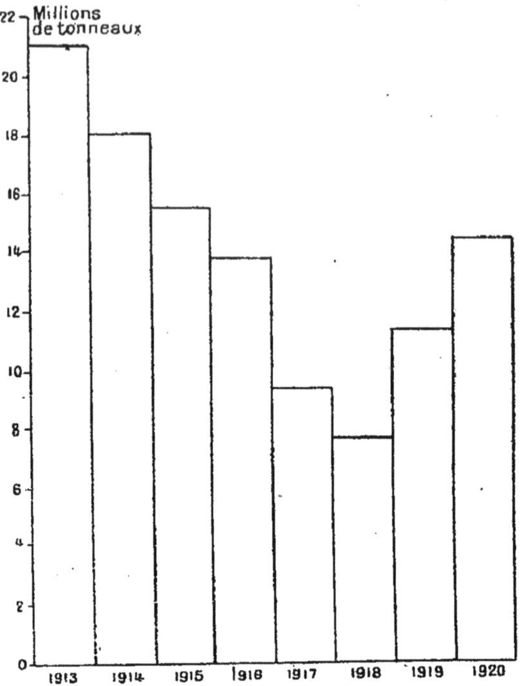

Tonnage de jauge nette.

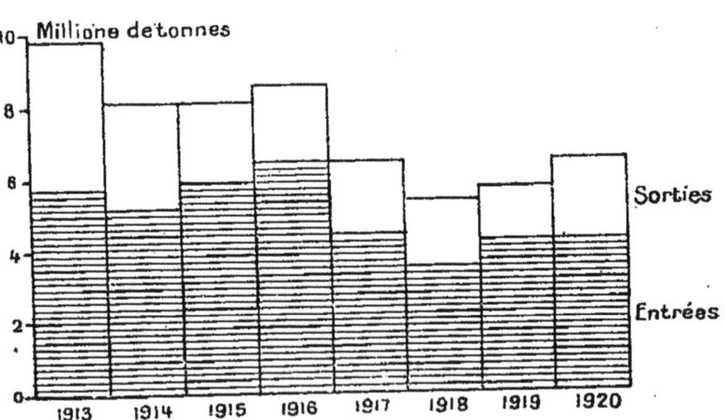

Tonnage des marchandises.

par la guerre, en correspondance avec la malle des Indes.

Le mouvement commercial du port a été caractérisé pendant les hostilités par le maintien et même l'augmentation du chiffre des entrées, non compris le matériel et certains approvisionnements d'Etat. Par suite des besoins intenses de matières premières et d'approvisionnements, le maximum a été atteint en 1916 ; le minimum est survenu en 1918, à cause de la guerre sous-marine, avec reprise depuis lors. Par contre, les sorties ont subi une forte chute en comparaison de la normale, et c'est même en 1919 qu'elles sont tombées le plus bas, avec 1.405.000 tonnes seulement. Les mesures gouvernementales de restriction des exportations ont d'ailleurs beaucoup réduit celles-ci, limitées de plus par la faiblesse des disponibilités de nos industries, et la sortie des charbons est devenue modeste.

Mouvement général des marchandises

(Milliers de tonnes)

	ENTRÉES	SORTIES	TOTAUX
1914........	5.203	3.000	8.203
1916........	6.378	2.116	8.494
1918........	3.537	1.743	5.280
1920........	4.124	2.203	6.327

Le trafic commercial est naturellement la meilleure mesure de l'activité productive du port, et c'est en 1916 que le mouvement total des marchandises a été le plus fort au cours de la guerre ; en comparaison du maximum de 1913, il fut seulement d'un million un tiers de tonnes de moins, mais sans compter une partie du trafic d'Etat et avec un équilibre bien inférieur.

Le minimum de 1918 est presque descendu à la moitié de 1913. Cette statistique comprend les sorties de charbon pour provisions de bord, qui figurent pour 650.000 tonnes en 1916, et que la douane a cessé d'évaluer ensuite ; on peut estimer ce mouvement à 300.000 tonnes en 1920.

Pour le tonnage des marchandises en 1920, non compris le charbon mentionné ci-dessus, le pavillon national représente 2.620.000 tonnes, avec un chiffre d'expéditions presque égal à celui des arrivages. Le tonnage français des marchandises reste, depuis 1908, inférieur au tonnage étranger. Celui-ci s'élève en 1920 à 3.407.000 tonnes, dont 2.783.000 à l'entrée et 624.000 seulement à la sortie. Les pavillons étrangers se classent comme suit, outre les pavillons interalliés et divers avec 570.000 tonnes :

Principaux pavillons étrangers en 1920

(Entrées et sorties réunies. Tonnes de marchandises)

Anglais	1.292.000
Américain	465.000
Espagnol	205.000
Norvégien	200.000
Japonais	173.000
Italien	167.000
Grec	140.000

Le pavillon américain a augmenté de 120.000 tonnes sur 1919, mais le pavillon japonais n'est plus ici que le cinquième, ayant perdu son égalité de l'année précédente avec l'américain. L'espagnol, dépassé par l'italien pour la jauge, se trouve avant lui pour les marchandises.

Le degré d'utilisation des navires, ou le rapport entre le tonnage de jauge nette et le tonnage des marchandises, s'éleva pendant la guerre jusqu'à plus des deux tiers en 1918, mais il est retombé en 1920 au-dessous de la moitié. L'utilisation des quais affectés aux opérations commerciales des navires est presque descendue en dernier lieu à la moitié de la normale d'avant 1914.

Les services maritimes d'avant-guerre ont repris leur fonctionnement, et il s'y est même ajouté des lignes nouvelles. Les principaux pays avec lesquels a été entretenue la navigation à vapeur en 1920 sont, entrées et sorties réunies : l'Algérie, 1.903.000 tonneaux de jauge ; l'Angleterre, 1.860.000 tonneaux ; les Etats-Unis, 1.308.000 tonneaux, et les Indes Britanniques, 1.007.000 tonneaux. Malheureusement, le commerce avec la Russie continue à faire à peu près défaut.

Le commerce général extérieur du port de Marseille, soit celui avec l'étranger et les colonies sans le modeste cabotage national, a particulièrement subi la perturbation des années de guerre. Il a d'ailleurs supporté de nombreuses réglementations gouvernementales. En voici le tableau :

Commerce général extérieur

	IMPORTATIONS		EXPORTATIONS		TOTAUX	
	Milliers de tonnes	Millions de francs	Milliers de tonnes	Millions de francs		
1914.....	4.500	1.767	2.510	1.551	7.010	3.318
1916.....	5.075	6.000	1.494	2.000	7.199	8.000
1918.....	2.707	6.617	562	1.521	3.269	8.138
1919.....	3.338	6.818	717	2.714	4.055	9.532
1920.....	4.035	8.798	1.769	6.832	5 804	15.630

Les énormes importations de 1916 pour le ravitaillement du pays, qui ont même dépassé le maximum de 1913 et sont d'ailleurs incomplètement évaluées, comportèrent notamment les grosses quantités suivantes, en augmentation : 1.624.000 tonnes de farineux alimentaires (céréales d'Amérique — à défaut des blés russes — et d'Algérie), 341.000 tonnes de métaux, 278.000 tonnes de sucre ou denrées coloniales, 220.000 tonnes de vins et boissons, 193.000 tonnes de produits chimiques, 174.000 tonnes de produits ou dépouilles d'animaux, dont beaucoup de viandes frigorifiées. En outre, il y eut 1.826.000 tonnes de charbon et matières minérales en comprenant le pétrole (d'Angleterre, des Etats-Unis), 582.000 tonnes de fruits et graines oléagineuses, 913.000 têtes de bétail vivant, mais ces chiffres restaient au-dessous de ceux de 1913.

Par contre, en 1918, le commerce général extérieur tomba à des proportions très réduites. C'est ainsi qu'aux importations, il n'y eut que 723.000 tonnes de farineux alimentaires (soit la moitié de la normale), 274.000 tonnes de charbon et matières minérales (le dixième seulement de la normale), 190.000 tonnes de fruits et graines oléagineuses (le quart), 269.000 têtes de bétail vivant (le sixième) ; mais les arrivages de boissons, de métaux, de produits chimiques restaient entr'autres supérieurs à ceux de 1913. La situation était bien pire encore aux exportations relativement à la normale, avec 272.000 tonnes de charbon et matières minérales (réduction au cinquième), 84.000 tonnes de denrées coloniales (la moitié), 30.000 tonnes de métaux (le sixième), 27.000 tonnes de produits chimiques (le quart), 19.000 tonnes de farineux alimentaires (le vingtième), 17.000 tonnes de boissons (le tiers), 16.000

tonnes de poterie et verrerie (le quart). Le total du commerce extérieur de 1918 fut en poids le plus faible depuis 40 ans, et il ne resta important que du fait de nos achats pour soutenir la guerre ; en valeur, il se montra cependant le double de celui de 1913, par suite de la forte hausse du prix des produits. Il est curieux de noter à ce moment l'ordre des principaux pays faisant du commerce avec Marseille ; pour le poids des produits, ce sont : à l'importation, les Indes Anglaises, les Etats-Unis, la République Argentine, l'Italie, le Japon et l'Angleterre ; à l'exportation, l'Italie, les Etats-Unis, la Suisse, la Grèce, l'Angleterre et l'Egypte.

En 1920, sur le total du commerce général extérieur, en forte reprise surtout à la sortie, le commerce spécial (marchandises étrangères importées à consommer et marchandises françaises exportées) s'est divisé en 3.327.000 tonnes à l'importation et seulement 1.059.000 tonnes à l'exportation. L'excédent des achats sur les ventes demeure considérable. On remarque combien le montant du commerce général extérieur est devenu formidable, en atteignant 15 milliards et demi de francs, contre 4 seulement en 1913. La valeur moyenne de la tonne de marchandises est donc estimée en 1920, par la Douane, à 2.700 francs, ayant ainsi quintuplée par rapport au chiffre d'avant-guerre ; on comprend alors la cherté de la vie, d'ailleurs à son maximum, mais cette évaluation peut paraître excessive, surtout au regard de 1919. Durant la période 1915-1917, la Douane ayant interrompu ses estimations en valeurs, nous avons dû faire une évaluation approximative pour 1916. Comme avant la guerre, la valeur du commerce général extérieur de Marseille en 1920 a égalé le cinquième de celui de la

France par toutes ses frontières ; pour le poids, ce rapport descend au dixième. Les recettes des douanes à Marseille se sont élevées à 222 millions de francs cette année (85 en 1913), soit le dixième de celles de la France entière.

Au point de vue de la nature des échanges, les principales importations et exportations se subdivisent come suit en poids, au commerce général, pour le dernier exercice (Principalité des douanes de Marseille) :

Poids des principales importations en 1920
(Milliers de tonnes)

Matières minérales (charbons d'Angleterre, des Etats-Unis, etc.)	1.569
Farineux alimentaires (céréales d'Amérique, d'Australie, etc.)	835
Fruits et graines oléagineuses (des Indes, de l'Afrique Occidentale, etc.)	569
Denrées coloniales	252
Boissons (vins, etc.)	153
Produits et dépouilles d'animaux	120
Métaux	97
Huiles et sucs végétaux	76
Fruits, tiges et filaments à ouvrer	57

Principales exportations

Matières minérales (charbons pour la marine, matériaux de construction)	790
Farineux alimentaires	173
Denrées coloniales	138
Produits chimiques	73
Métaux	70
Bijouterie, horlogerie et ouvrages en métaux.	58

Bois communs et exotiques	56
Poteries, verres et cristaux	51
Boissons	50

Valeur des principales importations en 1920
(Millions de francs)

Fruits et graines oléagineuses	995
Soies et bourres de soie	984
Céréales (grains et farines)	902
Sucres bruts et raffinés	494
Coton en laine et déchets de coton	397
Houille	324
Peaux et pelleteries brutes	268
Huiles végétales	259
Café	231
Laines et déchets de laine	217
Bestiaux	210
Produits chimiques	210

Principales exportations

Tissus de coton	692
Lingerie, vêtements et articles confectionnés.	446
Sucres bruts et raffinés	359
Tissus de soie ou bourre de soie	290
Machines et mécaniques	203
Tissus de laine	202
Huiles volatiles ou essences végétales	197
Produits chimiques	186
Coton en laine et déchets de coton	177
Carrosserie automobile	165
Papier et ses applications	164
Teintures préparées	160
Ouvrages en caoutchouc et gutta-percha	154
Colis postaux	480

Le transit international direct, qui doit être ajouté au commerce extérieur, s'est élevé à 400.000 tonnes en 1915, puis est finalement redevenu modeste ; il se compose surtout de céréales pour la Suisse. Les marchandises transportées par cabotage, jointes au transit international, forment environ un demi-million de tonnes, ce qui, avec le commerce extérieur et les transbordements, doit donner le mouvement commercial d'ensemble du port, mais celui ainsi obtenu pour 1920 dépasse notablement le total officiel.

Le mouvement des marchandises dans les gares de chemin de fer de Marseille et de sa banlieue, grande et petite vitesse réunies, avec les charbons français arrivés, a comporté une baisse en 1914 et un maximum en 1916, dépassant les totaux de 1913 (5 millions et demi de tonnes), de 1915 et 1917 (6 millions), avec diminution continue depuis lors.

Mouvement des gares en marchandises

(Milliers de tonnes)

	ARRIVAGES	EXPÉDITIONS	TOTAUX
	—	—	—
1914	1.880	2.850	4.730
1916	2.196	4.595	6.791
1918	2.857	2.587	5.444
1920	2.079	2.600	4.679

D'autre part, le mouvement des voyageurs arrivés et partis par la grande gare Saint-Charles a atteint près de 4 millions par an (comme en 1913) en 1916, 1917 et 1919, mais il n'a été que de 3 en 1915, 1918 et 1920. Le nombre journalier des trains arrivant ou partant dans les gares de Marseille, non compris les trains militaires spéciaux et leurs voyageurs, est descendu à

38 trains de voyageurs et 60 trains de marchandises en 1918, pour remonter en 1920 à 61 et 69, chiffres encore bien inférieurs à ceux d'avant-guerre, l'augmentation des tarifs contribuant à diminuer le trafic.

Le mouvement général des marchandises à Marseille peut être représenté par la statistique suivante, — le transit comprenant les marchandises qui passent des navires aux gares ou inversement par voies ferrées et celles portées de navires à navires, telles que les charbons étrangers. Après une baisse sur 1913, un maximum de plus de 15 millions de tonnes, égal à celui de ce dernier exercice, a eu lieu en 1916, puis la décroissance a repris, avec légère augmentation en 1920, donnant un total toujours imposant de 11 millions de tonnes.

Mouvement général des marchandises à Marseille
(Milliers de tonnes)

ANNÉES	ARRIVAGES		TOTAUX	EXPÉDITIONS		TOTAUX
	Par mer	Par voie ferrée		Par mer	Par voie ferrée	
1916	6.378	2.196	8.574	2.116	4.595	6.711
1918	3.537	2.857	6.394	1.743	2.587	4.330
1920	4.124	2.079	6.203	2.203	2.600	4.803

ANNÉES	TRANSIT ET TRANSBORDEMENT (à déduire)	RESTE QUANTITÉS		
		Entrées en ville	Sorties de la ville	Restées en ville
1916	3.000	5.574	3.711	1.863
1918	2.800	3.594	1.530	2.064
1920	2.200	4 003	2.603	1.400

La reprise d'activité de 1920, spécialement pour les sorties, a donné à peu près exactement les 2/3, en navires et en tonnage de jauge et de marchandises, de la brillante situation de 1913, année du maximum de prospérité du port de Marseille. Comme nous étions tombés en 1918 à la moitié pour les navires et les marchandises et au tiers pour le tonnage de jauge, par rapport à 1913, l'amélioration est donc réconfortante.

Quant au commerce extérieur, si sa valeur a presque quadruplé de 1913 à 1920, le poids des produits a baissé de plus du quart, dont presque la moitié pour les exportations. Le marasme provient en outre du fait que le mouvement commercial est aux mains d'un plus grand nombre de participants qu'autrefois. Malheureusement, en dépit du retour progressif à la liberté commerciale, la crise universelle des affaires ne permet pas d'envisager le proche avenir avec optimisme et d'espérer actuellement une progression de la vie économique.

Le port et les gares ont retrouvé, avec le fonctionnement d'avant-guerre, leurs disponibilités pour le commerce et leur puissance d'action, pouvant satisfaire un trafic double de celui qui existe actuellement. Il y a des quais libres pour toutes les opérations dans les bassins, mais ceux-ci subissent néanmoins un regrettable encombrement des surfaces d'eau, qui résulte de la présence d'environ cent cinquante navires désarmés (français et étrangers, vapeurs en majorité), par suite de la baisse des frets et de l'insuffisance de l'activité commerciale. Dans ce cimetière de bâtiments, nombre d'entr'eux sont anciens ou proviennent de la flotte d'Etat en liquidation, et on voit dans celle-ci tout un groupe de navires en bois, grands voiliers à moteur auxiliaire, d'origine américaine et à peu près inutilisables ; il y a aussi de nombreux steamers russes. Quelques navires sont en réparation et plusieurs en démolition.

Le nombre moyen des vapeurs de mer présents dans l'ensemble des ports Nord est d'environ 160, représentant un demi-million de tonneaux de jauge nette. En outre, le Port-Vieux abrite une trentaine de vapeurs, un effectif un peu supérieur de voiliers, 500 bateaux de plaisance ou de pêche et une centaine de remorqueurs ou de chalands.

Il convient de mettre en regard de celle de Marseille la situation du premier port italien en 1920. Le mouvement maritime de Gênes, entrées et sorties réunies, a comporté 7.216 navires, 8.813.000 tonneaux de jauge nette et 5.016.000 tonnes de marchandises, les entrées comprenant 1.668.000 tonnes de charbon et les sorties n'étant que de 600.000 tonnes ; le transit international pour la Suisse a dépassé 400.000 tonnes ; il y a eu 133.000 passagers. Par rapport à l'avant-guerre, le trafic de Gênes s'est donc vu réduit dans des proportions analogues à celui de Marseille. L'infériorité de Gênes relativement à notre premier port français égale en 1920 : 4.000 navires, 5 millions et demi de tonneaux de jauge et 1.300.000 tonnes de marchandises ; l'écart entre les deux ports voisins reste ainsi à peu près régulier.

***

Notre marine marchande, appuyée par la flotte militaire, a rendu les plus grands services pendant la longue guerre, non seulement pour le transport des troupes et du matériel, mais pour le ravitaillement de la métropole. Aussi doit-on garder une profonde reconnaissance à nos marins, comme à nos soldats, car c'est leur commun héroïsme qui nous a donné la victoire finale. La Méditerranée a été particulièrement le théâtre des crimes barbares des sous-marins ennemis, en même temps que des brillants actes de courage de nos équipages marseillais, qui se sont couverts de gloire. Malheureusement les victimes ont été nombreuses parmi les marins et les passagers, et les pertes de navires furent considérables.

Dans l'ensemble, les compagnies de navigation à lignes régulières de Marseille ont perdu au cours de la guerre, généralement par torpillage, 67 vapeurs d'une jauge brute totale de 220.000 tonneaux, représentant le tiers du tonnage total de la flotte du port. La principale compagnie, les Messageries Maritimes, a vu disparaître 22 de ses grands paquebots ou de ses cargos : le personnel de la Compagnie eut 300 morts en mer pour la France ; aussi les navires des Messageries ont-ils obtenu 17 citations et le personnel 77 croix de la Légion d'honneur. A la fin de 1919, la valeur des paquebots était devenue si grande, du fait des pertes de guerre, que la Douane estimait à 9 millions de francs l'*André-Lebon*, des Messageries maritimes, et même à 15 millions un autre paquebot moins important de cette Compagnie, le *Docteur-Pierre-Benoît*, qui venait d'être construit au Japon.

Par suite des grandes pertes éprouvées, tout en tenant compte des acquisitions nouvelles, l'effectif de la flotte à vapeur de Marseille, après s'être élevé au maximum de 405.000 tonneaux net au 31 décembre 1915, est descendu au 31 décembre 1918 à 312 navires (dont 155 vapeurs de mer), jaugeant net 294.000

tonneaux, mais comprenant encore plusieurs paquebots perdus non rayés par la Douane. Grâce aux compensations opérées ensuite, cet effectif s'est élevé de nouveau au 31 décembre 1920 à 369 navires, jaugeant net 325.000 tonneaux (soit brut 559.000 tonneaux), avec des machines développant 424.000 chevaux de force, montés par 7.300 hommes d'équipage et 6.000 agents du service général. Sur ce total, 169 navires jaugent chacun moins de 100 tonneaux : remorqueurs, chaloupes du port, yachts, chalutiers, etc. Le nombre des vapeurs de mer est de 200, par moitié paquebots et cargo-boats ; celui des vapeurs au-dessus de 2.000 tonneaux est de 66, représentant 222.000 tonneaux, et la navigation au long cours occupe 83 navires, correspondant à 192.500 tonneaux. Le total comprend 24 vapeurs et 23.000 tonneaux sans emploi, dont plusieurs paquebots torpillés non encore rayés de la flotte. Le tonnage des vapeurs marseillais n'égale plus que le cinquième de celui de toute la marine à vapeur française, qui s'est notablement accrue, mais il atteint celui de la flotte commerciale à vapeur de la Grèce ou de la Belgique. Toutefois, les achats et les constructions, ainsi que les cessions aux compagnies par la liquidation de la flotte d'Etat font prévoir une sensible augmentation prochaine de la marine marseillaise ; mais la baisse du coût des vapeurs est telle qu'on retrouve sur le marché anglais les prix modestes de 1915.

Contrairement à notre marine à vapeur et à ce qu'on observe généralement ailleurs, l'effectif marseillais de la marine à voiles, qui comprend les chalands de mer remorqués, s'est accru pendant la guerre, augmentant de plus de 10.000 tonneaux de jauge nette de 1913 à 1920, ainsi qu'on l'a vu dans le chapitre sur la navigation à voile. Ajoutons qu'on vient de mettre à l'eau à Marseille trois grands chalands de mer construits en béton armé.

Vapeurs et voiliers réunis forment au port de Marseille une grande flotte de 807 navires, jaugeant net ensemble 357.000 tonneaux, avec un personnel navigant de près de 15.000 hommes.

L'industrie de l'armement est exercée par 120 maisons environ, soit près du double d'avant la guerre. Le nombre des compagnies de navigation ou armateurs de vapeurs de mer de Marseille est à peu près de 30, comme celui des armateurs de remorqueurs et aussi des armateurs de voiliers ; il y a en outre une vingtaine d'armateurs de chalands de mer et 5 armateurs de vapeurs de pêche ou chalutiers. Les petits bateaux de plaisance, les barques de pêche et le matériel flottant de servitude sont en dehors de cette statistique.

L'évolution industrielle de Marseille au cours de la guerre a été considérable et en collaboration avec la défense nationale, pour laquelle elle fut précieuse. Les besoins de celle-ci, comme l'insuffisance de certaines matières premières, ont naturellement modifié les conditions normales et causé une crise complexe. L'industrie a notamment travaillé davantage pour le pays et beaucoup moins pour l'exportation. De nombreuses fabrications ont dépendu durant les hostilités du contrôle du Gouvernement ; de plus, celui-ci a exercé une grande influence par la réglementation et la restriction des importations et des exportations, ainsi que par des taxations. Outre les usines et ateliers qui ont coopéré à la victoire par leur production, le remplacement d'un certain nombre d'articles allemands a été entrepris avec succès. Malheureusement, les statistiques font défaut pour établir un bilan industriel local.

Les principales industries ont subi la perturbation de la guerre et ont vu diminuer le nombre de leurs ouvriers, sauf la métallurgie et diverses spécialités travaillant pour l'armée. En 1917, on estimait à environ 70.000 le nombre des ouvriers et ouvrières travaillant pour les besoins de la guerre et les autres à un chiffre inférieur. La cherté des produits a naturellement fait décroître leur consommation, en dehors de ceux employés à la défense nationale ; mais des bénéfices considérables ont été réalisés sur les uns et les autres.

Le passage de l'état de guerre à celui de paix a d'ailleurs été laborieux et le déséquilibre économique se prolongera longtemps. Un certain nombre d'industries de guerre — la plupart s'étant développées hors de proportion — se sont pourtant adaptées à une nouvelle production et il y a eu reprise d'activité dans la mesure du retour à la liberté commerciale. En 1920, les articles essentiels : le charbon, les farineux alimentaires, les graines oléagineuses sont redevenus abondants. L'économie dans la consommation et l'écoulement des stocks ont finalement causé une tendance à la baisse, entraînant de la crise industrielle et du chômage.

Dans l'industrie des corps gras, la production diminuée par la réduction des arrivages d'oléagineux, a permis à l'Angleterre de développer sa concurrence en cette matière. Un consortium de l'Huilerie française a été constitué par le Gouvernement pour importer et répartir les graines. En 1918, la trituration de celles-ci était tombée à 150.000 tonnes, valant encore 270 millions de francs, et un nouvel essor s'est manifesté ensuite ; mais la baisse des produits a amené finalement du marasme. Quant à la fabrication des graisses alimentaires, les achats de l'intendance l'encouragèrent fortement, tandis que la savonnerie descendait en 1918 à la moitié de sa production d'avant-guerre, pour remonter plus tard.

Sous la tutelle du ravitaillement d'Etat, la minoterie et les industries annexes ont subi une forte chute des exportations en travaillant pour le pays, mais avec un mouvement réduit. Elles ont continué avec la paix à produire au-dessous de la normale.

Les industries de la construction (céramique, chaux et ciments) ont particulièrement souffert dans leurs débouchés extérieurs, quoique ayant trouvé des compensations dans la création d'usines nouvelles et à l'intérieur, malgré la difficulté longtemps subie des transports sur rail. Comme la crise du bâtiment continue à être intense, la production demeure réduite par rapport à l'avant-guerre.

Les raffineries de sucre ont dû remplacer par des sucres bruts exotiques d'importation gouvernementale les sucres de betterave du Nord. En 1918, la fabrication est descendue à la moitié de celle de 1913 ; elle a remonté ensuite.

Les ateliers de construction mécanique, devenus des usines de guerre, ont au contraire grandement développé leur production, comme toutes les usines métallurgiques, sous le contrôle militaire. De nombreux établissements ont été créés et, entr'autres, l'industrie automobile a pris de l'extension ; mais la recherche de nouvelles fabrications a été ensuite difficile et le chômage s'est étendu.

L'industrie des produits chimiques, déjà en grand essor, a pris avec la guerre un développement très considérable. Il a été notamment ouvert d'importantes fabriques d'acide sulfurique et d'explosifs. Toutefois, des difficultés ont surgi depuis le retour de la paix.

Les laveries de laine, les vêtements militaires, la cordonnerie, la confection des sacs ont vu les hostilités augmenter fortement leur travail ; mais le vêtement, la tannerie, les industries textiles connaissent ensuite le marasme.

Enfin, au point de vue maritime, le rapport de l'industrie de la pêche côtière s'est élevé en 1920 à 9 millions de francs.

Pour les transports commerciaux et industriels, les camions à essence ont remplacé de plus en plus les charrettes à chevaux. Dans l'ensemble, on compte à Marseille plus de 8.000 voitures automobiles.

La statistique des appareils à vapeur pour le département en 1920 indique 1.091 machines, dans 930 établissements, soit une diminution sur 1913 ; mais il y a augmentation pour la force, qui atteint 105.000 chevaux-vapeur. Près de la moitié de cette puissance est destinée à la production éventuelle d'énergie électrique, pour le cas d'insuffisance du courant transmis par câble des usines hydro-électriques de la Haute-Provence. Ce transport de forces électriques a été particulièrement précieux pendant la guerre, en raison de la pénurie de houille. La consommation industrielle du charbon à Marseille, utile indication d'activité économique, s'est cependant maintenue, grâce aux mines françaises, à près de 500.000 tonnes en 1918. En 1920, les charbonnages locaux du bassin de Fuveau-Gardanne ont atteint une production de 657.000 tonnes de lignite.. Aux chevaux-vapeur ci-dessus, s'ajoutent 2.000 chevaux de force hydraulique.

Mentionnons en terminant, comme baromètre de la vie financière, que le montant des opérations productives de la Banque deFrance à Marseille et dans le département s'est élevé en 1920 à 4.600 millions de francs, soit plus de trois fois et demie le chiffre d'avant-guerre.

*
* *

La participation du vaste empire colonial de la France à la guerre européenne et à la victoire finale a été très importante en hommes, en produits et même en argent. C'est par Marseille, clé de notre domaine d'outre-mer, que ce loyal et puissant concours est surtout venu dans la métropole ; un demi-million de combattants et presque autant de travailleurs nous sont arrivés de toutes les parties du monde où flotte le drapeau tricolore.

Le commerce colonial a été naturellement éprouvé par la guerre et la diminution des relations maritimes qui en fut la conséquence. Il descendit à 1.417.000 tonnes en 1914, soit 200.000 tonnes de moins que l'année précédente. En 1916, il remonta cependant à 1.600.000 tonnes, mais pour tomber à 1.186.000 seulement en 1918. Il s'est heureusement élevé avec la paix en 1920 à 1.658.000 tonnes, chiffre le plus fort qui ait jamais été atteint ,puisqu'il dépasse légèrement celui de 1913. La Douane ne fournit plus pour ce relevé que les poids sans les valeurs.

Commerce colonial de Marseille en 1920
En milliers de tonnes. Total : 1.658

IMPORTATIONS : 918		EXPORTATIONS : 740	
Algérie.......	300 (533 en 1919)	Algérie..... ..	407 (220 en 1919)
Afrique Occid.	255	Maroc........	119
Tunisie.......	118	Tunisie	90
Indochine.....	69	Afrique Occid.	60
Madagascar...	58	Autres Colonies.	64
Autres Colonies.	118		

Nos trois pays de l'Afrique du Nord comptent à eux seuls, dans le total, pour plus d'un million de tonnes, soit près de 65 % ; cette proportion s'éleva même à 75 % en 1919 avant que les communications lointaines aient suffisamment repris. Le nombre des départs et arrivées de vapeurs entretenant les relations maritimes de Marseille avec notre Afrique du Nord a été de 2.342 en 1920, mais il avait été plus fort de près d'un tiers en 1913.

La part de l'Afrique Occidentale égale près de 20 % ; celle de Madagascar, en y joignant La Réunion, est de 8 % ; enfin, celle de l'Indochine correspond à 6 %.

Il y a, pour le commerce de chaque colonie, de grandes variations d'une année à l'autre. C'est ainsi qu'en 1919, l'Algérie, ayant eu une meilleure récolte que l'année suivante, envoya beaucoup plus de produits et en reçut moins ; dans le même cas, la Tunisie expédia 240.000 tonnes et le Maroc 106.000 ; l'Afrique Occidentale n'en fournit, par contre, que 167.000.

Les colonies envoient naturellement des denrées et des matières premières, mais les exportations françaises ne comprennent guère que 30 % d'objets fabriqués. L'Afrique du Nord nous expédie surtout des céréales, des vins, du bétail, des huiles, des terres et métaux, et reçoit des combustibles et matériaux, des sucres, des farines, des denrées coloniales, des produits chimiques et des tissus. L'Afrique Occidentale expédie particulièrement des graines oléagineuses, l'Indochine du riz, Madagascar des produits animaux.

En 1915, dans le but de faciliter les communications, a été décrétée la suspension du monopole du pavillon français pour la navigation franco-algérienne, mais d'ailleurs sans grand résultat pratique. Le 25 octobre 1921, est rentrée en vigueur la loi de 1889 prescrivant, par assimilation avec le cabotage national, que les transports franco-algériens de marchandises ne peuvent être effectués que par des navires français, tunisiens ou marocains.

Les services maritimes entre Marseille et nos nombreuses colonies vont maintenant recevoir un nouveau développement. Une série de paquebots est en construction pour les lignes d'Algérie, et les Messageries Maritimes accroissent leur flotte en vue des services du Levant et d'Extrême-Orient.

En 1920, le total des importations coloniales en France a été de 2.296.000 tonnes, et celui des exportations de 1.097.000 tonnes, ce qui donne, pour la part respective de Marseille, 40 % et 67 % ; ces proportions n'étaient que de 25 % et de 48 % en 1913. Actuellement, le premier port français arrive donc à lui seul à faire la moitié en poids du grand commerce colonial de notre pays, qui égale 3.393.000 tonnes ; dans le commerce général extérieur de Marseille, ce commerce colonial représente près de 30 %. En valeur, il approche de 4 milliards de francs.

De plus, l'influence séculaire du commerce et de la marine de Marseille dans tout le Levant se trouve grandement renforcée désormais par le mandat attribué à la France sur la Syrie, à la suite de la paix avec la Turquie en 1920.

Avec ces éléments incomparables, le magnifique succès qu'obtint l'Exposition Coloniale Nationale de Marseille en 1906 va se renouveler plus brillant encore pour la nouvelle Exposition Coloniale, qui s'ouvre dans le beau parc du Rond-Point du Prado le 16 avril 1922.

CHAPITRE XIII

TRAVAUX D'EXTENSION ET PROJETS D'AVENIR

LA JONCTION DE MARSEILLE A BERRE ET AU RHONE

Le port de Marseille, déjà si vaste, doit continuer à développer ses quais et son outillage pour rester digne de sa réputation et pouvoir faire face aux progrès nouveaux. L'accroissement des dimensions du matériel naval impose des bassins de plus en plus grands et aussi des terre-pleins plus étendus, pour répondre à l'importance des cargaisons et à la rapidité des manutentions. Pendant les cinquante années qui ont précédé la guerre, on peut évaluer la progression du trafic du port de Marseille en marchandises à une moyenne de 3 % par an, dépassée même à la fin de cette période. Spécialement pendant les vingt dernières années, le mouvement commercial s'est augmenté de 90 %, ayant ainsi presque doublé, tandis que l'agrandissement du port par de nouveaux quais ne représentait que 17 % ; en comptant le bassin du

Président-Wilson, on n'arrive encore qu'à 35 %. C'est seulement l'extension et le perfectionnement des installations qui ont permis d'assurer le grand développement du trafic.

C'est ainsi qu'on est parvenu à des rendements remarquables pour le déchargement des céréales. Alors que certains ports spécialisés emploient de gros aspirateurs fixes desservant de vastes silos, dans celui de Marseille, qui doit répondre aux besoins les plus variés, la grande industrie de la minoterie préfère décharger les navires à un quai quelconque, par des appareils mobiles économiques, — les poulsons et les transporteurs à courroies sans fin, — avec pesage et mise en sac automatiques. Des camions automobiles emportent généralement les marchandises aux usines, pour éviter un magasinage onéreux. Comme exemples d'opérations extrêmement rapides, qui démontrent l'excellence du matériel et l'habileté du personnel, on peut signaler en 1921 plusieurs débarquements de cargaisons de céréales à raison de deux mille tonnes par jour. Le record a été obtenu en octobre, avec le vapeur *Picton*, apportant 7.700 tonnes de blé en vrac pour la Suisse, qui a été déchargé en 28 heures, réparties sur trois jours, soit à raison de 276 tonnes à l'heure, correspondant à 3.000 tonnes par jour de travail.

L'amélioration et l'agrandissement du port de Marseille n'ont pas d'ailleurs été interrompus par la guerre, qui a vu spécialement se poursuivre la construction du nouveau bassin du Président Wilson ou de la Madrague et celle du canal de Marseille au Rhône, l'approfondissement général des divers bassins et l'extension du réseau ferré. Il reste à achever le bassin Wilson, qui coûtera finalement 75 millions par suite de la hausse des prix, dont la moitié fournie par la Chambre de Commerce. Les ouvrages principaux sont exécutés, mais il faut installer les grues des quais et il y a encore plusieurs années de travail pour paver le môle G et la traverse du cap Janet terminant le port, construire le pont-tournant de la Madrague et établir les voies ferrées. Une autre entreprise importante, décrétée en 1913, va être prochainement réalisée et représente une dépense de 10 millions : c'est l'élargissement de la passe de l'Abattoir, conduisant du bassin National dans les Docks.

L'emploi croissant de l'huile minérale dite mazout comme combustible dans la navigation a récemment nécessité des installations au port de Marseille, qui s'est mis en mesure de stocker des quantités de mazout pouvant alimenter en outre les besoins industriels de l'intérieur. Quatre postes de pompage ont été créés dans les bassins nord, chacun d'une puissance de 400 tonnes à l'heure, avec des canalisations ou pipe-lines en acier de deux à trois kilomètres, conduisant aux réservoirs de deux compagnies qui peuvent recevoir ensemble 50.000 tonnes de mazout.

Concernant les entrepôts frigorifiques du port, la Compagnie des Docks vient dernièrement de porter la capacité des chambres froides de son grand Entrepôt à 7.000 tonnes de viandes ou autres produits, et d'établir une seconde passerelle métallique pour la liaison directe du quai du Lazaret avec ses magasins par dessus la voie publique. D'autre part, la Chambre de Commerce a décidé la création au môle F d'un entrepôt frigorifique à quai, pouvant contenir 7.000 tonnes de marchandises.

Afin de garder à Marseille son rang de premier marché d'Europe en corps gras, un projet d'installation de silos pour les graines oléagineuses vient d'être dressé, en vue de pouvoir entreposer 20.000 tonnes de marchandises à proximité des quais. Les fonds de réserve du Consortium de l'Huilerie fourniraient 9 millions de francs et la Chambre de Commerce ferait une dépense égale d'outillage.

Dans ses larges limites actuelles, le port de Marseille peut recevoir encore maintes améliorations susceptibles d'augmenter son rendement. Parmi les travaux prévus, se trouvent l'élargissement des quais de la grande Jetée, à munir de voies ferrées et d'entrepôts ; l'adjonction d'étages aux hangars des môles ; l'agrandissement de la petite passe d'Afrique, joignant le bassin de la Joliette à ceux des Docks, afin de doter les bassins nord d'une véritable entrée sud. Un important projet élaboré est aussi celui d'un nouveau bassin de radoub, qui remplacerait dans l'anse de la Madrague le bassin actuel de remisage : il aurait 13 mètres de profondeur et posséderait une forme longue de 250 mètres et une de 300 mètres pour les plus grands paquebots ; la dépense admise avant la guerre était de 30 millions. Il est prévu également de faire franchir la passe de la Pinède par un grand pont mobile, la jetée du large étant sans communication avec la rive au-delà du pont de l'Abattoir.

Il y a lieu aussi de tirer un meilleur parti du bassin de la Joliette, trop congestionné par les services postaux méditerranéens et qui vient d'être approfondi à 8 et 9 mètres. Le projet d'aménagement pris en considération consiste principalement dans la construction sur le quai de rive de môles obliques, avec hangars et voies ferrées, et dans des installations nouvelles en faveur des passagers et de leur accès à la gare maritime de la Joliette, non ouverte encore aux voyageurs.

La belle nappe d'eau du Vieux-Port reste peu utilisée commercialement, malgré son voisinage avantageux de la ville, et certains de ses quais sur pilotis auraient besoin de réfection. Après plusieurs projets, prévoyant notamment de petits môles, le dernier établi pour ce bassin a fait l'objet d'un décret du 10 mai 1918, déclarant d'utilité publique des travaux d'amélioration pour 2 millions de francs seulement. Il s'agit d'un élargissement du quai Saint-Jean de l'entrée à l'Hôtel de Ville, de l'approfondissement du bassin à 7 m. 50 sur cette section et du prolongement de la voie ferrée venant de la Joliette. Malheureusement, ce modeste projet de la Chambre de Commerce a soulevé les protestations des pêcheurs et autres usagers de ce quai de la vieille ville, et une décision ministérielle a suspendu la mise à exécution. Toutefois, un travail qui s'impose au Vieux-Port est l'élargissement des ponts du quai de Rive-Neuve sur le canal de la Douane (à mieux utiliser lui-même), pour le passage de la voie des tramways.

D'autres justes desiderata sont à exprimer. Le poste de télégraphie sans fil de la grande Jetée est de portée insuffisante pour communiquer avec l'Algérie autrement que par l'intermédiaire de celui des Saintes-Maries : il serait désirable qu'il devînt plus puissant, afin de soulager les câbles télégraphiques sous-marins et de vulgariser l'emploi de la radiotélégraphie. De même, il conviendrait que le grand phare de l'îlot de Planier, situé en pleine mer, fût relié par le téléphone ou le télégraphe avec les services du port, dont il se trouve isolé. Enfin, une facile réforme administrative serait la modernisation de la visite médicale du service sanitaire maritime, qui devrait se faire à bord des paquebots dès leur entrée sur rade, sans attendre leur arrivée au port, ou les formalités sanitaires retardent le débarquement. D'ailleurs les recettes du service de santé atteignent par an à Marseille 800.000 francs, dont un septième seulement se voit dépensé pour ce port, qui mérite donc d'être mieux doté.

Un élément essentiel du bon fonctionnement d'un port est sa desserte par les chemins de fer : la crise des transports pendant la guerre l'a bien démontré et la Compagnie P. L. M. fait de sérieux efforts d'amélioration à Marseille. La gare maritime d'Arenc continue à se développer ; une énorme tranchée vient d'être creusée dans le cap Pinède (en attendant la suppression de cette butte elle-même), pour accroître le dégagement des voies vers l'Estaque. En outre, la création pour la ville d'une nouvelle grande gare de marchandises au Canet a été décidée ; elle occupera 30 hectares, à moins d'un kilomètre de la gare d'Arenc vers l'intérieur ; les travaux viennent de commencer. L'utile complément de cette nouvelle gare pour l'industrie marseillaise serait l'achèvement par la municipalité d'une ligne de boulevards extérieurs qui restent à ouvrir sur 5 kilomètres, afin de dégager du charroi commercial le centre de la ville. Il faut mentionner aussi un projet de tramway aérien pour desservir les quais des ports nord (en plus de la ligne ordinaire sur la chaussée) et supprimer l'encombrement actuel, et un projet de chemin de fer métropolitain qui relierait les ports avec les principaux quartiers de la ville. Enfin, le Conseil général des Bouches-du-Rhône étudie l'aboutissement du réseau des chemins de fer départementaux à Marseille par son accès en souterrain au cœur de la cité, près de la Bourse.

*
* *

De grands travaux d'extension du domaine portuaire de Marseille sont dès maintenant entrepris, en considération de la prospérité antérieure et dans l'attente du développement futur du commerce et de l'industrie. Ils font partie d'un vaste plan par lequel la Chambre de Commerce et les Ingénieurs des Ponts et Chaussées, avec l'approbation du Parlement et du Gouvernement, veulent voir grand pour l'avenir du premier port de la France et de la Méditerranée. Ce programme peut être regardé aujourd'hui comme gigantesque, mais ne devant être entièrement réalisé qu'à une époque lointaine, il doit correspondre à des besoins très accrus pour tenir compte des immenses progrès à attendre d'un siècle d'expansion mondiale.

Les plans en exécution ou en projet appartiennent à deux catégories, selon que les travaux consistent dans le prolongement normal du port actuel vers la rade de l'Estaque, ou dans l'annexion au port de Marseille d'un second domaine maritime, pouvant égaler un jour le premier et situé sur les étangs de Berre et de Caronte jusqu'à Port-de-Bouc. C'est la construction du canal de jonction de Marseille au Rhône qui a entraîné cette heureuse conception, en préparant l'union directe par la voie d'eau entre le golfe de la vieille cité phocéenne et l'étang de Berre.

Avec le bassin du Président Wilson, le port de Marseille possède 18 kilomètres de quais utilisables et des profondeurs de 12 mètres pour l'accostage ; il peut donc faire face à tous les besoins de notre époque, qui a vu croître la dimension des ouvrages au point que le quai du large du bassin de la Joliette mesure moins de 20 mètres, alors que la traverse du cap Janet atteint 140 mètres de large pour deux quais. Pendant la guerre, le plus grand paquebot sous notre pavillon, « *La France* », de 25.000 tonneaux de jauge brute et de 9 m. 50 de tirant d'eau, a séjourné dans les bassins nord, et un puissant cuirassé anglais de même calaison a pu récemment s'y mettre à quai. C'est d'ailleurs le nouveau tirant d'eau maximum du Canal de Suez, à partir du 1er janvier 1922 : cette limite de profondeur maintient la dimension des grands courriers d'Extrême-Orient au-dessous de celle des principaux paquebots transatlantiques ; on continue toutefois le dragage du Canal de Suez.

Avant de décider la construction d'un nouveau bassin plus étendu à la suite des anciens, on s'est préoccupé d'offrir à l'industrie et au commerce de Marseille la possibilité d'un meilleur accès à la mer, dont la plupart des usines sont en effet très éloignées. Comme la côte est abrupte et que les ports nord ont dû être conquis sur les eaux, on a délibéré de créer à leur suite une spacieuse surface de terre-pleins, par voie de remblaiement le long du littoral d'un emplacement à affecter à des usines et entrepôts, lesquels seraient en communication directe avec la mer, le canal du Rhône, le chemin de fer et la route. C'est donc au point d'origine du canal, au delà du bassin de remisage et du bassin Wilson, qu'a été prescrite la création de terrains industriels, dits terre-pleins de Mourepiane, dans l'anse de ce nom. En même temps, l'Etat atténuait les charges financières qu'imposent à la Chambre de Commerce les forts dépassements de dépenses du canal, en lui faisant concession de ces terrains, destinés à être aménagés et mis en location par cette compagnie, afin de lui fournir des recettes d'exploitation.

Un décret du 28 mars 1916 a déclaré d'utilité publique les travaux de création de cet établissement maritime, à l'abri de la digue du canal de Marseille au Rhône, qui sera élargi et approfondi en cet endroit pour être accessible à la navigation maritime, en vue de laquelle une passe sera ouverte dans la digue. La superficie prévue est de 47 hectares, dont 30 de terrains concédés à la Chambre de Commerce. Un décret du 10 mai 1917 a ensuite décidé le commencement des travaux par la construction au bassin de stationnement, situé après le cap Janet entre l'établissement de Mourepiane et le bassin de remisage, d'un quai de rive de 700 mètres de longueur aujourd'hui achevé, avec un terre-plein de 5 hectares à l'usage du commerce, en attendant qu'y soit créé un faisceau de voies ferrées appelé à desservir les futurs terrains de Mourepiane. La dépense totale de construction de ces derniers est évaluée actuellement à 36 millions.

Etant donnée la longue durée des constructions maritimes, l'avancement du bassin Wilson a rendu nécessaire de préparer la création à sa suite d'un nouveau bassin vers l'Estaque, celui-ci devant être de dimensions encore supérieures afin de pouvoir recevoir les plus grandes unités navales. C'est une importante loi du 24 octobre 1919 qui a déclaré d'utilité publique la construction du dit bassin Mirabeau, au large du débouché du canal du Rhône et des terre-pleins de Mourepiane ; avec un môle oblique, une traverse terminale et la jetée prolongée, la longueur des quais serait de 6.000 mètres et la profondeur à leur pied de 13 mètres. Avant la guerre, l'évaluation du coût de ce projet avait été d'abord de 123 millions, puis elle fut ramenée à 92 pour 4.000 mètres de quais. La loi de 1919 n'a autorisé l'exécution immédiate que des digues en enrochements limitant le bassin et qui doivent être établies à des profondeurs atteignant 36 mètres pour la jetée ; cette dépense partielle est estimée à 31 millions. La Chambre de Commerce s'est engagée à contribuer pour la moitié à la dépense totale. Comme on le verra plus loin, la même loi a englobé les étangs de Berre et de Caronte jusqu'à Port-de-Bouc dans le domaine portuaire de Marseille, en approuvant le programme de leur aménagement progressif pour la navigation maritime. Une nouvelle étude du projet du bassin Mirabeau tend à réduire sa trop vaste surface d'eau et à augmenter ses quais et terre-pleins.

En complément du bassin Mirabeau, le projet de création d'une nouvelle grande Gare maritime a été pris en considération par décision ministérielle du 9 février 1918 ; la Compagnie P. L. M. construirait un raccordement spécial avec le chemin de fer de l'Estaque à Miramas. La dépense est évaluée à 34 millions, sans le faisceau des voies. Cette gare, reliée aussi à celle d'Arenc, serait établie sur un vaste môle long d'un kilomètre à gagner sur la mer à la suite du bassin Mirabeau, devant le canal du Rhône et les terre-pleins de Mourepiane.

Enfin, pour placer près de la ville de nouvelles installations maritimes, a été étudiée, mais ajournée, la construction d'un bassin du Large devant ceux de la Joliette et des Docks, contre la grande Jetée ; surtout port d'escale, il aurait avec ses môles 4.000 mètres de quais et permettrait d'ouvrir au bassin National une passe devenue nécessaire à travers la jetée par suite de l'allongement des ports. L'estimation d'avant-guerre du coût de cet ouvrage maritime était de 124 millions.

***

La grande œuvre des travaux du canal de Marseille au Rhône, décrétés par la loi du 24 décembre 1903 et inaugurés en 1906, à la suite de l'action tenace du député Charles-Roux et de la Chambre de Commerce, a été poursuivie sans interruption. La digue en enrochements protégeant le canal le long de la côte dans le golfe de Marseille, — depuis le cap Janet (bassin de remisage) jusqu'au petit port de la Lave, spécialement créé au-delà de l'Estaque, — est construite et cette première section de 5 kilomètres se trouve très avancée ; la profondeur de la voie d'eau égale 3 mètres. Toute une banlieue industrielle se développe sur ce littoral. Le canal pénètre à la Lave sous les collines par le gigantesque souterrain du Rove, long de 7.000 mètres, large de 22 et haut de 14 m. 50, ce qui en fait le plus grand souterrain du monde, d'une section atteignant six fois celle d'un tunnel de chemin de fer à double voie ; ses fortes dimensions permettront aux gros chalands remorqués de s'y croiser dans les deux sens sur une voie d'eau de 18 mètres. Il y a 2.300.000 mètres cubes de terre à extraire, soit un tiers de plus que les déblais du grand tunnel du Simplon. Le souterrain du Rove a été entrepris en 1911, les deux galeries de percement sud et nord se sont rencontrées en 1916, toute la voûte est maintenant construite et les travaux continuent avec activité pour terminer le creusement en 1925.

A la sortie du tunnel, le canal passe dans la haute tranchée de Gignac, puis cotoie les rives sud des étangs de Bolmon et de Berre, pour arriver à Martigues ; il emprunte alors le canal maritime existant dans l'étang de Caronte jusqu'à Port-de-Bouc, ensuite le petit canal de Bouc à Arles, où il se relie au Rhône par une grande écluse déjà construite. La longueur totale du canal est de 81 kilomètres ; sa profondeur sera de 4 mètres de Marseille à Martigues, de 10 mètres pour Caronte par suite des travaux signalés plus loin, de 3 mètres de Port-de-Bouc à Arles. Toutefois, cette section terminale, actuellement de 2 m. 50 de tirant d'eau, ne sera agrandie qu'en dernier lieu, les communications entre le Rhône et Bouc pouvant s'effectuer de Port-Saint-Louis en traversant le petit golfe de Fos. La dépense avait été primitivement fixée à 71 millions ; du fait de l'extension donnée au projet et de la hausse des prix, elle est maintenant autorisée pour 210 millions, la plus grande partie incombant à la Chambre de Commerce ; les dépenses engagées seulement pour le tunnel et la tranchée qui suit s'élèvent à 125 millions. L'Etat doit faire monter sa contribution à 87 millions et on évalue le coût total du canal à 288 millions, la date ultime de l'achèvement complet étant 1930. En dehors de ceux du Rove et de Gignac, les travaux restant à exécuter jusqu'à Bouc, et dont le principal est la traversée de Martigues, sont relativement secondaires et pourront être achevés en même temps que le souterrain.

La facilité des communications par eau et par rail et la disposition d'espaces libres sont des facteurs propices à l'expansion industrielle ; si l'on y joint la possibilité d'une exécution économique des travaux publics, les conditions deviennent tout à fait favorables. C'est le cas des étangs de Caronte et de Berre : en les traversant, le canal du Rhône à Marseille va justement permettre d'en faire pour ce port un prolongement naturel suffisant pour des siècles. Aussi la Chambre de Commerce, sous l'active impulsion de ses deux derniers présidents, MM. Adrien Artaud et Hubert Giraud, vient-elle d'obtenir en peu d'années des résultats décisifs dans ce sens. C'est en 1916, en pleine guerre, que l'étude définitive de l'accès de l'étang de Berre à la navigation maritime, pour en faire un refuge ou un port, a été réclamée au Gouvernement avec une insistance persuasive, qui a enfin fait comprendre que l'inutilisation du don de la nature qu'est l'étang de Berre constituait un « scandale économique », comme l'avait proclamé le grand géographe Elisée Reclus.

Ce magnifique golfe ou mer intérieure, séparé de la Méditerranée par les collines de l'Estaque, mais uni à elle par l'étang de Caronte qui lui sert de vestibule, mesure 15.000 hectares de superficie, avec des fonds de 9 mètres sur un tiers, soit sur sept fois la rade de Toulon ; il a 20 kilomètres du nord au sud et 75 kilomètres de tour, portés à 90 en y ajoutant l'étang de Caronte, à la sortie duquel se trouve Port-de-Bouc. Mais il n'est évidemment possible de donner de la vitalité à ces superbes nappes d'eau et à leurs rives que par la liaison avec Marseille, dont elles deviendront des annexes.

De vastes projets, dressés par M. Bezault, ingénieur en chef des Ponts et Chaussées, chargé du canal de jonction au Rhône, ont abouti à la loi du 24 octobre 1919 approuvant, avec la construction du bassin Mirabeau à Marseille, l'aménagement progressif de Port-de-Bouc et des étangs de Caronte et de Berre pour la grande navigation maritime, ainsi que la fusion des péages perçus pour le port de Marseille et le canal de jonction au Rhône, en étendant leur zone d'application aux ouvrages des deux étangs jusqu'à Port-de-Bouc. C'est l'unification des services maritimes gérés par la Chambre de Commerce et la formation d'un domaine portuaire marseillais pouvant soutenir la comparaison avec les plus grands du monde.

Les travaux autorisés consistent, avec le concours financier de la Chambre de Commerce : dans l'agrandissement et l'outillage de Port-de-Bouc, pour une dépense de 26 millions ; dans l'élargissement et l'approfondissement à 10 mètres du canal (long de 6 kilomètres et profond de près de 6 mètres depuis 1874) qui est une portion de celui de Marseille au Rhône et joint Bouc à Martigues par l'étang de Caronte, travaux évalués à 24 millions ; enfin, dans la création de part et d'autre de ce canal d'établissements maritimes, à pourvoir de quais et grues, terre-pleins et hangars, voies ferrées et routes, formes de radoub, etc. Ces installations de l'étang de Caronte devront être réalisées par les intéressés — Chambre de Commerce ou particuliers — et en conséquence un décret du 21 avril 1921 a concédé à un consortium de sociétés d'entreprise la construction et l'exploitation d'un quai d'un kilomètre, d'un terre-plein de 20 hectares et d'un outillage publics dans l'anse de la Gaffette. Ce consortium, qui doit dépenser environ 15 millions pour des installations perfectionnées, — surtout en vue de la manutention des combustibles et des minerais, — est chargé en outre de travaux à Port-de-Bouc, de l'exécution du canal d'accès et du remblaiement des anses de la rive nord, jusqu'à concurrence de 10 millions ; les chantiers sont ouverts. De chaque côté du grand viaduc de chemin de fer qui traverse l'étang est prévue, dans les anses de la Gaffette et de Labillon, une gare maritime de 30 hectares, avec un dépôt de charbons de la Compagnie P. L. M. pouvant manutentionner de 600.000 à 800.000 tonnes par an. Un autre consortium a demandé une semblable concession de terrains industriels dans l'anse de Labillon.

L'ensemble du programme d'aménagement de Caronte, entre Port-de-Bouc et Martigues inclus, à exécuter par étapes, comporte 200 hectares de surface d'eau, 250 hectares de terre-pleins et 12 kilomètres de quais, correspondant à une dépense totale de 250 millions avec l'outillage. Il s'agit donc d'un vaste établissement maritime comparable à celui de Marseille (moindre en quais, mais bien plus étendu en terre-pleins) et pouvant permettre un trafic annuel de 6 à 7 millions de tonnes de marchandises. On doit retenir qu'une dépense supérieure à celle de Caronte serait nécessaire pour la seule construction des deux grands bassins Mirabeau et du Large projetés à Marseille et qui ne donneraient cependant que 8 kilomètres de quais, avec des terre-pleins assez limités. Dès maintenant, se développent à Port-de-Bouc, outre les Chantiers de Provence pour constructions navales avec six cales, d'importantes industries : usines de produits chimiques, raffinerie de pétrole, sécherie de morues, et une grande huilerie se construit sur le canal. De plus, on prévoit de faire de Port-de-Bouc une véritable station de pêche.

D'autre part, la Chambre de Commerce a donné le 27 janvier 1920 un avis favorable au projet à l'étude pour l'aménagement de l'étang de Berre, par voie de concessions aux intéressés, suivant le principe admis par la loi d'octobre 1919. Ce programme progressif de travaux publics comprend la création de ports d'échange, où pourront s'effectuer les opérations de transbordement de cargos en chalands ou inversement, et l'établissement d'un réseau de voies ferrées raccordé aux deux grandes lignes de Marseille à Miramas par Pas-des-Lanciers et par Port-de-Bouc, desservant avec celle du sud les vastes terrains qui bordent l'étang et où existent déjà quelques industries chimiques. Les ports d'échange prévus près de Martigues, de Marignane et de Berre se composent de bassins de 60 hectares pouvant recevoir de nombreux cargos amarrés sur bouées.

Le futur grand Marseille maritime s'étendra donc en eaux tranquilles sur 38 kilomètres de longueur d'un seul tenant, entre la passe de la Joliette et la passe de Bouc, et possédera 40 kilomètres de quais, en deux groupes unis par le canal souterrain du Rove, avec des agglomérations industrielles intermé-

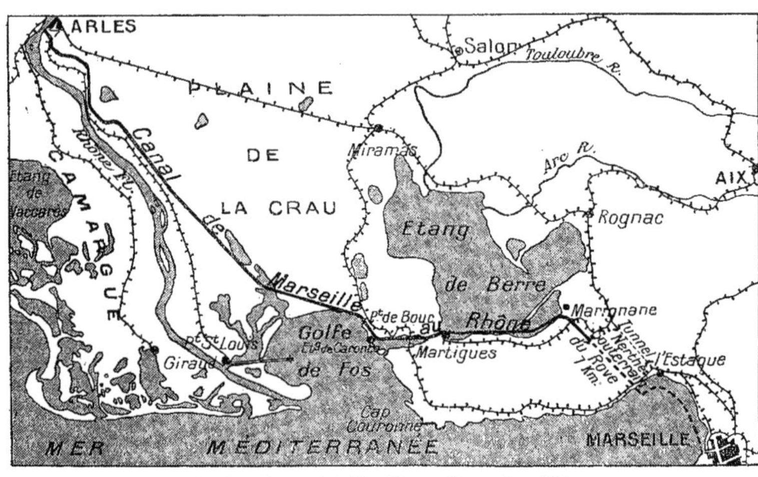

Fig. 16. — Le canal de Marseille aux Etangs et au Rhône.

diaires. On envisage ainsi le doublement possible de la capacité du port de Marseille pour répondre aux perspectives même lointaines de la plus brillante prospérité ; la vieille cité débordera alors du cercle de collines qui la bloquent. On espère que le canal sera ouvert en 1925 de Marseille à Port-de-Bouc. Il permettra notamment de dégager les anciens bassins des matières pondéreuses et encombrantes.

En présence de la faveur dont jouissent les nouveaux projets, la crainte a été exprimée qu'une concurrence ne prit naissance pour Marseille avec les établissements maritimes des étangs. Mais créés de toutes pièces dans une contrée peu habitée, les ports de Caronte et de Berre ne sauraient être que des annexes de la puissante métropole méditerranéenne ; il serait au contraire à désirer que, comme certains grands ports étrangers, celle-ci possédât de nombreux prolongements tentaculaires, plutôt avantageux pour le centre principal. Une ville nouvelle ne se forme pas facilement en France et il ne s'agirait en réalité que d'un complément de l'activité marseillaise. D'ailleurs, même en admettant qu'au point de vue strictement communal, la vieille cité phocéenne puisse appréhender qu'une fraction de son énergie émigre vers une condition plus favorable à son propre développement, ce serait en tout cas au profit général du département, de la Provence et de la Nation : là est l'essentiel.

La Chambre de Commerce prévoit actuellement pour les travaux maritimes de première urgence, jusqu'en 1930, un programme de plus de 300 millions de francs (dont 200 à sa charge du fait de la parcimonie de l'Etat), destinés à achever le bassin Wilson et le canal de Marseille au Rhône, à aménager l'étang de Caronte, à commencer le bassin Mirabeau et à exécuter divers travaux complémentaires. Dans l'ensemble, les participations effectuées ou prescrites de la Chambre de Commerce aux dépenses maritimes depuis la création des nouveaux ports jusqu'en 1920 s'élèvent à près de 140 millions de francs. Seulement en 1920 et 1921, cette compagnie a versé 40 millions pour les travaux du port et du canal, sans l'entretien ; elle vient de contracter un emprunt de 50 millions, les perceptions ne suffisant pas à couvrir ses charges. De tels sacrifices méritent de trouver des compensations dans un renouvellement de prospérité.

L'utilisation des étangs de Caronte et de Berre permettra au canal de Marseille au Rhône, avec son grand souterrain du Rove, de développer le camionnage par eau et de rendre de notables services à notre expansion économique, en attendant de tirer vraiment parti du fleuve lorsque sa navigabilité aura été définitivement améliorée. Le canal va faire aboutir commercialement le Rhône à Marseille, au lieu du désert de ses embouchures, et ce seul fait donnera au mouvement sur le fleuve une impulsion nouvelle. L'existence du canal a d'ailleurs contribué à l'adoption de l'importante loi du 27 mai 1921, qui a approuvé le programme général des travaux d'aménagement du Rhône de la frontière suisse à la mer, au triple point de vue des forces motrices, de la navigation et des irrigations ; une société nationale est en formation pour réaliser cette œuvre colossale de longue haleine, et la Chambre de Commerce de Marseille lui a déjà souscrit 2 millions. Sans attendre ce progrès nouveau et encore éloigné, qui répandra plus de vie dans la belle vallée du Rhône, les conditions présentes de la voie fluviale permettent à Marseille d'être en relations avec les villes du Rhône via Port-Saint-Louis, par des services de chalands remorqués pouvant prendre la mer.

Par son canal, Marseille sera donc dans quelques années la tête d'une véritable grande voie de navigation intérieure internationale, desservant toute la France et l'Europe centrale ,qui la dotera (seul port méditerranéen dans ce cas) des avantages de pénétration auxquels plusieurs ports rivaux du nord du continent ont dû leur succès moderne. L'insuffisance des communications de Marseille avec l'intérieur prendra fin par ce raccordement au réseau fluvial ; son commerce de transit ne manquera pas de s'en trouver augmenté, par exemple pour la sortie des matières pondéreuses. Les bas tarifs de la voie d'eau créeront une utile concurrence à la voie ferrée et l'allégeront des produits lourds. Marseille deviendra plus directement le port de la grande cité commerciale et industrielle de Lyon, où la navigation fluviale est déjà en développement. Comme le couloir du Rhône et de la Saône se prolonge notamment par le canal du Rhône au Rhin en cours d'agrandissement, la zone d'action de Marseille s'étendra jusqu'à l'Alsace redevenue française. De plus, la concurrence de nos ports de l'ouest envers Marseille, par suite de l'infériorité des prix du fret sur ceux du rail, en sera diminuée.

D'autre part, le chemin de fer de l'Estaque à Miramas, station où existe au nord de l'étang de Berre une immense gare de triage dégageant Marseille, et sa liaison avec la ligne de la rive droite du Rhône ont permis de doter Marseille d'une seconde grande artère sur Lyon et Paris.

Des mesures de décentralisation compléteront utilement ces progrès d'agrandissement du port marseillais et de sa sphère d'influence. Elles sont rendues possibles par la loi du 12 juin 1920, concernant l'autonomie des ports maritimes de commerce et la simplification des formalités relatives à l'exécution des travaux de ces ports. Le règlement d'administration publique pour son application a été approuvé par un décret du 23 septembre 1921. Cette autonomie est d'ailleurs facultative et son organisme local se composera d'un conseil et d'un directeur. La Chambre de Commerce de Marseille étudie la question de demander le bénéfice de ce régime : il est acquis que son domaine portuaire actuel lui serait conservé et elle pourrait en outre avoir la prépondérance dans le conseil prévu. En attendant l'application de cette réforme libérale, le fonctionnement administratif du port de Marseille est redevenu normal, avec l'ingénieur en chef des Ponts et Chaussées du Service maritime, M. Renard, en qualité de chef d'exploitation. On sait que le port de Gênes est depuis longtemps administré par un « Consorzio autonomo » et qu'un régime analogue existe dans de nombreux ports étrangers.

Un outil précieux au commerce et à l'industrie qui manque encore en France et plus spécialement à Marseille est une zone franche, en dehors du contrôle douanier, en vue surtout de faciliter l'exportation. Les deux principaux ports étrangers voisins,

Gênes et Barcelone, sont pourvus de ce bon instrument de travail libre, auquel les facilités du régime des entrepôts et de l'admission temporaire ne peuvent suppléer. Malheureusement, les projets de loi déposés dans ce sens et les revendications des chambres de commerce des ports n'ont encore pu aboutir, devant l'opposition mal éclairée des protectionnistes. A Marseille, les terre-pleins de Mourepiane ou ceux de Caronte seraient très propices à la création d'une zone franche.

La décentralisation à l'ordre du jour doit s'accompagner du régionalisme et une évolution favorable se produit dans ce sens. En 1916, furent constitués officiellement des Comités consultatifs d'action économique, dont un à Marseille pour la XVe région française, et ces organismes rendirent d'utiles services au cours de la guerre. La Chambre de Commerce prit en 1917 l'initiative d'une Union économique provençale, que suivit la constitution des régions économiques de la France par le Ministre du Commerce. En 1919, la XIe région, dite de Provence et du Bas-Rhône, comprenant six départements dont le Gard, a été créée avec le groupement des chambres de commerce, en ayant Marseille pour chef-lieu. Des réunions ont été tenues et des résultats satisfaisants se trouvent déjà acquis.

La prospérité de la Provence et de tout l'arrière pays du Sud-Est se voit par suite liée davantage à celle de Marseille, dont la fonction régionale va pouvoir mieux se développer. D'importants travaux publics en préparation dans le département des Bouches-du-Rhône et ceux d'aménagement des eaux de la Durance, l'essor des régions alpestres, l'utilisation croissante de la houille blanche se répercuteront sur l'activité de Marseille. La jonction projetée par chemin de fer de Briançon à Oulx, de même que la ligne en construction de Nice à Coni, sont destinées à améliorer les relations de Marseille avec Turin et le Piémont. Si Gênes est plus près de la Suisse que le port français et peut avoir de ce côté un trafic supérieur facilité par les tunnels des Alpes, le port italien n'en est pas moins au pied de la chaîne de l'Apennin et n'a aucune possibilité de liaison par eau avec son hinterland.

Le développement croissant de notre empire colonial va d'autre part devenir de plus en plus un élément essentiel de la prospérité marseillaise. Notre drapeau tricolore flotte aujourd'hui de Dunkerque au Congo, depuis la mer du Nord jusqu'au-delà de l'Equateur, avec les deux métropoles maritimes de Marseille et d'Alger se faisant face dans notre lac méditerranéen. La seconde France qui se forme en Afrique et dont un chemin de fer transsaharien fera un jour un bloc solide, ouvre à Marseille, porte européenne de ce vaste domaine, des perspectives illimitées. Pour la mise en valeur des colonies, pour l'accroissement des achats de leurs produits par la mère-patrie, qui devrait s'y approvisionner plutôt qu'à l'étranger, Marseille est le trait d'union naturel. Elle le démontre brillamment par la magnifique Exposition coloniale qui va faire au cours de 1922 l'admiration générale et prouver la puissance de la France d'outre-mer.

Sans doute l'Europe centrale affaiblie retrouvera une situation normale, le Levant bouleversé et la Russie ruinée rentreront dans le mouvement économique universel avec leurs richesses latentes. Et lorsque l'essor de l'Extrême-Orient se manifestera à son tour, quand l'Amérique du Sud — dont la route directe pour l'Europe passe par Marseille, Oran, et Dakar avec un futur chemin de fer transafricain, — prendra son grand développement naturel, l'activité de Marseille deviendra énorme et son rôle de port international s'affirmera. Enfin, la voie des airs, qui s'ouvre à l'humanité nouvelle, est appelée également à contribuer à l'expansion de Marseille, désigné en 1922 comme aéroport, par Aubagne pour les aéronefs, dont un service avec Alger va s'inaugurer, et par Marignane pour les lignes d'aviation.

Véritable Cosmopolis, qui s'assimile les éléments les plus divers, porte mondiale où circule une vie intense et colorée, foyer d'énergie sans cesse renouvelée, Marseille tient sa puissance de la valeur de sa position, de l'excellence de son outillage, de l'importance de son industrie, de l'expérience et des relations acquises au cours des siècles, de l'esprit d'entreprise traditionnel de ses habitants et de leur souplesse à surmonter les difficultés.

C'est à la fois une ville d'Europe et une cité universelle. Jean Ajalbert a très justement écrit : « A Marseille, — comme l'oreille à quelque coquillage entend tout le tumulte et le rythme infini de la mer, — en écoutant, en regardant, on goûte tout l'exotisme de l'univers, toute la saveur brûlante du désert, toute la senteur millénaire de l'humus tropical ».

Le pays, par son aspect, sa lumière et son charme, est lui-même franco-africain et oriental. Le maréchal Lyautey a pu dire que pour le colonial : « Marseille, ce n'est pas seulement le port, c'est la Provence, vrai trait-d'union entre la France et ses possessions trans-méditerranéennes, où à chaque pas on trouve des rappels de ses paysages ».

L'équilibre économique du monde ayant été rompu par la guerre, la crise nationale et générale des affaires ne pourra disparaître que par une production librement intensifiée et par la conclusion de traités de commerce aidant à la reconstruction de l'Europe. Marseille a compris qu'un grand port moderne doit être une usine colossale, un nœud de communications et un point d'attraction. Si la ville, dans sa croissance à l'américaine, a manqué d'un plan de développement, il n'en sera pas de même de son port, dont l'extension indéfinie se trouve maintenant tracée par l'admirable effort vers les étangs voisins, où se prolongera aussi la cité tentaculaire. L'association de la nature et de l'homme va donner une fois de plus de féconds résultats.

De splendides destinées, dignes de son glorieux passé, se préparent donc pour Marseille, avec l'augmentation de son commerce et de son industrie. Mais si notre premier port français avait réalisé d'énormes progrès depuis un demi-siècle avant la guerre, il n'avait cependant pu grandir autant que les principaux ports concurrents de l'Europe septentrionale : il se dispose aujourd'hui à regagner son ancien premier rang maritime sur le continent.

Une nation ne peut être puissante qu'en étant forte sur la mer, et la Plus Grande France, dont l'avenir économique est étroitement lié à celui de Marseille, devra soutenir son effort avec une patriotique sollicitude. Après avoir aidé à la victoire, Marseille est pleinement décidée à consacrer toutes ses forces au relèvement national. Ainsi que le professeur Camille Jullian le dit en termes heureux dans son « Histoire de la Gaule » : « La splendeur de son site, la sainteté de son origine, la grandeur de son histoire en font un être d'exception. Elle le sait, et elle entend le paraître et le demeurer. »

TABLE DES MATIÈRES

TABLE DES ILLUSTRATIONS, GRAPHIQUES ET CARTES

CHATEAUROUX. — IMPRIMERIE LANGLOIS

www.ingramcontent.com/pod-product-compliance
Ingram Content Group UK Ltd.
Pitfield, Milton Keynes, MK11 3LW, UK
UKHW022057260726
13993UKWH00001B/168

9 782329 199757